KB091666

나의 첫 영어 필사

빨간 머리 앤

Lucy Maud Montgomery

Anne of Green Gables

다락원

나의 첫 영어 필사

빨간 머리 앤

지은이 Lucy Maud Montgomery
각색 Brian J. Stuart
펴낸이 정규도
펴낸곳 ㈜다락원

초판 1쇄 발행 2022년 6월 30일
4쇄 발행 2024년 8월 5일

편집 오순정, 김현정, 정계영
디자인 김나경, 이승현

다락원 경기도 파주시 문발로 211
내용 문의 (02)736-2031 (내선 328)
구입 문의 (02)736-2031 (내선 250~252)
FAX (02)732-2037
출판등록 1977년 9월 16일 제406-2008-000007호
Copyright 2022 DARAKWON

ISBN 978-89-277-0159-0 13740

www.darakwon.co.kr
다락원 홈페이지를 방문하시면 상세한 출판 정보와 함께 동영상 강좌, MP3 자료 등 다양한 어학 정보를 얻으실 수 있습니다.

나의 첫 영어 필사

빨간 머리 앤

나의 첫 영어 필사
빨간 머리 앤
Anne of Green Gables

1 첫 영어 필사니까 쉽고 재미있게

〈빨간 머리 앤 Anne of Green Gables〉은 1908년 출간 이후 지금까지 꾸준히 사랑받는 작품으로, 드라마와 애니메이션으로도 우리에게 무척 친숙합니다. 이미 익숙한 내용이어서 더 쉽게 이해할 수 있고, 상상력이 풍부한 앤의 성장기를 통해 재미있게 필사할 수 있습니다. 원어민 전문 필진이 쉬운 영어로 리라이팅하여 내용을 파악하기 쉽고, 일상에서 쓰는 영어라서 활용하기도 좋습니다. 자신 있게 시작해보세요.

2 첫 영어 필사니까 영어 공부가 되도록

이 책은 31일 동안 〈빨간 머리 앤〉을 읽고 필사하도록 구성했습니다. 매일 일정 분량을 읽으면서 내용을 이해하고, 필사하면서 문장 구조와 단어의 활용을 확실히 파악한 후, 영작하면서 학습한 문장을 응용할 수 있습니다.
단순히 베껴 쓰기만 하는 필사에 그치지 않도록 필사 앞뒤에 내용 이해 단계와 응용 단계를 넣었습니다. 하루에 시간을 정해 놓고 차분하게 공부해보세요. 어느새 영어와 가까워진 느낌이 들 것입니다.

3 첫 영어 필사니까 끝까지 할 수 있도록

31일 동안 공부하는 것에 자신이 없으신가요? 여러분의 일상에 영어 공부가 자리 잡을 수 있도록 스케줄러(10쪽)를 준비했습니다. 영어 공부에서 습관의 중요성은 말할 필요가 없겠죠? 매일 공부하고 직접 스케줄러에 체크하면서 성취감을 느껴보세요.

STEP 1 ▶ Reading 읽기

1
Reading을 시작하기 전에 QR코드로 음성 재생을 준비하세요.

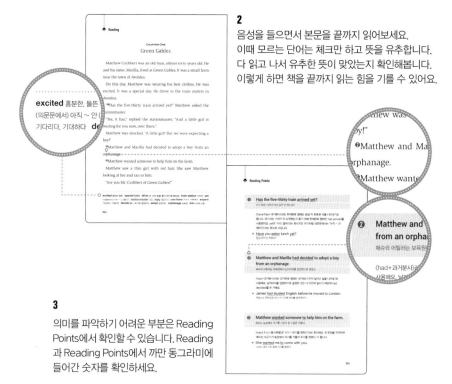

2
음성을 들으면서 본문을 끝까지 읽어보세요.
이때 모르는 단어는 체크만 하고 뜻을 유추합니다.
다 읽고 나서 유추한 뜻이 맞았는지 확인해봅니다.
이렇게 하면 책을 끝까지 읽는 힘을 기를 수 있어요.

3
의미를 파악하기 어려운 부분은 Reading Points에서 확인할 수 있습니다. Reading 과 Reading Points에서 까만 동그라미에 들어간 숫자를 확인하세요.

STEP 2 ➤ Transcribing 필사하기

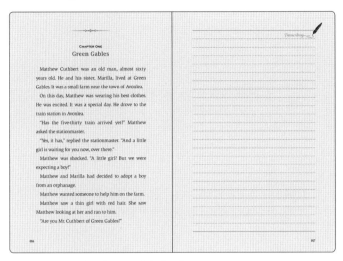

1 Reading에서 읽은 텍스트를 직접 써보세요.

2 이때 기계적으로 쓰지 않도록 합니다.
Reading에서 이해한 내용, 문장 구조, 어휘의 용법을 생각하면서 차근차근 써보세요.

3 차분한 마음으로 내용을 생각하며 쓰다 보면 필사는 영어와 친해지는 좋은 습관이 될 수 있습니다.

STEP 3 ➤ Writing 응용하기

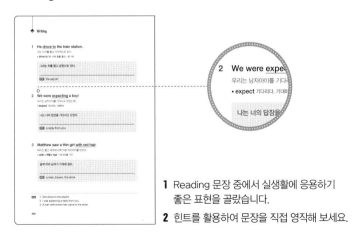

1 Reading 문장 중에서 실생활에 응용하기 좋은 표현을 골랐습니다.

2 힌트를 활용하여 문장을 직접 영작해 보세요.

이 책 200% 활용법

영어 공부 루틴 만들기

시간 정하기

매일 공부할 시간을 확보해주세요.
30분이면 충분합니다.

루틴 만들기

이 책의 10쪽에 있는 스케줄러에 체크하며 영어 공부를
여러분의 일상 속 습관으로 만들어보세요.

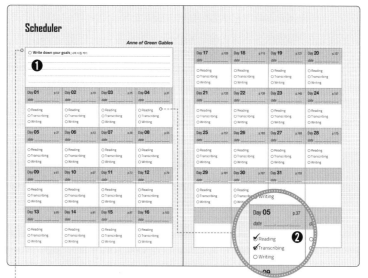

❶ 이 책을 어떻게 학습할지 여러분의 다짐을 적어보세요.

❷ 매일 날짜를 적고, 공부한 곳에 체크하면서 스케줄러를 채워보세요.
영어 공부 습관을 만들고 성취감을 느낄 수 있습니다.

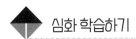

심화 학습하기

샤도잉하기

QR코드로 제공하는 음성을 활용하여 Reading 텍스트를 샤도잉해보세요. '샤도잉'은 음성이 나오는 동안 반 박자 뒤에서 따라 읽는 학습 방법입니다. 영어 발음과 리듬감을 익히는 데 큰 도움이 됩니다.

받아쓰기

QR코드로 제공하는 음성을 듣고 Reading 본문을 받아쓰기해 보세요. 정확하게 받아 적기 위해 문장의 요소 하나하나에 신경을 쓰게 되므로 듣기 실력뿐 아니라 문장 구조 이해력과 문법 실력까지 향상할 수 있습니다.

영작하기

해석을 보면서 Reading 본문을 영작해보세요. 읽을 때 잘 안다고 생각한 문장도, 막상 영작해 보면 바로 떠오르지 않을 수 있습니다. 내가 말하거나 쓸 수 있는 문장은 확실히 내 것이 됩니다.

영어 전문가의 온라인 강의와 함께하면 더욱 좋아요. www.darakwon.co.kr에서 **케일린 선생님의 해설 강의**를 확인하세요!

Scheduler

Anne of Green Gables

○ **Write down your goals**_나의 다짐 적기

Day **01**	p.13	Day **02**	p.19	Day **03**	p.25	Day **04**	p.31

Day 01 p.13
date ____. ____. ____
○ Reading
○ Transcribing
○ Writing

Day 02 p.19
date ____. ____. ____
○ Reading
○ Transcribing
○ Writing

Day 03 p.25
date ____. ____. ____
○ Reading
○ Transcribing
○ Writing

Day 04 p.31
date ____. ____. ____
○ Reading
○ Transcribing
○ Writing

Day 05 p.37
date ____. ____. ____
○ Reading
○ Transcribing
○ Writing

Day 06 p.43
date ____. ____. ____
○ Reading
○ Transcribing
○ Writing

Day 07 p.49
date ____. ____. ____
○ Reading
○ Transcribing
○ Writing

Day 08 p.55
date ____. ____. ____
○ Reading
○ Transcribing
○ Writing

Day 09 p.61
date ____. ____. ____
○ Reading
○ Transcribing
○ Writing

Day 10 p.67
date ____. ____. ____
○ Reading
○ Transcribing
○ Writing

Day 11 p.73
date ____. ____. ____
○ Reading
○ Transcribing
○ Writing

Day 12 p.79
date ____. ____. ____
○ Reading
○ Transcribing
○ Writing

Day 13 p.85
date ____. ____. ____
○ Reading
○ Transcribing
○ Writing

Day 14 p.91
date ____. ____. ____
○ Reading
○ Transcribing
○ Writing

Day 15 p.97
date ____. ____. ____
○ Reading
○ Transcribing
○ Writing

Day 16 p.103
date ____. ____. ____
○ Reading
○ Transcribing
○ Writing

Day **17** p.109	Day **18** p.115	Day **19** p.121	Day **20** p.127
date ____. ____. ____	date ____. ____. ____	date ____. ____. ____	date ____. ____. ____
○ Reading ○ Transcribing ○ Writing	○ Reading ○ Transcribing ○ Writing	○ Reading ○ Transcribing ○ Writing	○ Reading ○ Transcribing ○ Writing
Day **21** p.133	Day **22** p.139	Day **23** p.145	Day **24** p.151
date ____. ____. ____	date ____. ____. ____	date ____. ____. ____	date ____. ____. ____
○ Reading ○ Transcribing ○ Writing	○ Reading ○ Transcribing ○ Writing	○ Reading ○ Transcribing ○ Writing	○ Reading ○ Transcribing ○ Writing
Day **25** p.157	Day **26** p.163	Day **27** p.169	Day **28** p.175
date ____. ____. ____	date ____. ____. ____	date ____. ____. ____	date ____. ____. ____
○ Reading ○ Transcribing ○ Writing	○ Reading ○ Transcribing ○ Writing	○ Reading ○ Transcribing ○ Writing	○ Reading ○ Transcribing ○ Writing
Day **29** p.181	Day **30** p.187	Day **31** p.193	
date ____. ____. ____	date ____. ____. ____	date ____. ____. ____	
○ Reading ○ Transcribing ○ Writing	○ Reading ○ Transcribing ○ Writing	○ Reading ○ Transcribing ○ Writing	

DAY
01

QR 코드로
음성을 들어보세요!

CHAPTER ONE

Green Gables

Matthew Cuthbert was an old man, almost sixty years old. He and his sister, Marilla, lived at Green Gables. It was a small farm near the town of Avonlea.

On this day, Matthew was wearing his best clothes. He was excited. It was a special day. He drove to the train station in Avonlea.

"❶Has the five-thirty train arrived yet?" Matthew asked the stationmaster.

"Yes, it has," replied the stationmaster. "And a little girl is waiting for you now, over there."

Matthew was shocked. "A little girl? But we were expecting a boy!"

❷Matthew and Marilla had decided to adopt a boy from an orphanage.

❸Matthew wanted someone to help him on the farm.

Matthew saw a thin girl with red hair. She saw Matthew looking at her and ran to him.

"Are you Mr. Cuthbert of Green Gables?"

---

excited 흥분한, 들뜬 **special** 특별한 **drive** (차·마차 등을) 몰다 (과거형 drove) **train station** 기차역 **yet** (의문문에서) 아직 ~ 안 (했어?) **stationmaster** 역장 **reply** 대답하다 **over there** 저기서, 저쪽에서 **expect** 기다리다, 기대하다 **decide to** ~하기로 결정하다 **adopt** 입양하다 **orphanage** 보육원 **thin** (비쩍) 마른

❶ <u>Has</u> the five-thirty train <u>arrived</u> yet?

5시 30분 기차가 아직 도착 안 했나요?

⟨have/has+과거분사⟩라는 현재완료 형태는 방금 막 완료된 것을 나타내기도 합니다. 여기서는 기차가 막 도착했는지 묻기 위해 현재완료 형태인 has arrived를 사용했어요. yet은 '이미, 벌써'라는 뜻이지만 여기처럼 의문문에서는 '아직 ~ 안 (했어?)'라는 뜻으로 쓰입니다.

✦ Have you <u>eaten</u> lunch <u>yet</u>?

점심 아직 안 먹었어?

❷ Matthew and Marilla <u>had decided</u> to adopt a boy from an orphanage.

매슈와 머릴러는 보육원에서 남자아이를 입양하기로 했었다.

⟨had+과거분사⟩라는 과거완료 형태는 과거보다 먼저 일어난 일을 나타낼 때 사용해요. 남자아이를 입양하기로 결정한 것은 더 이전의 일이기 때문에 had decided를 쓴 거예요.

✦ James <u>had studied</u> English before he moved to London.

제임스는 런던으로 이사 가기 전에 영어를 공부했었다.

❸ Matthew <u>wanted</u> someone <u>to</u> help him on the farm.

매슈는 농장에서 자기를 거들어 줄 사람을 원했다.

⟨want A to+동사원형⟩은 'A가 ~하기를 원하다'라는 뜻이에요. 위 문장을 직역하면 '매슈는 누군가가 농장에서 자기를 거들어 주기를 원했다.'가 됩니다.

✦ She <u>wanted</u> me <u>to</u> come with you.

그녀는 내가 너와 함께 가기를 원했다.

Green Gables

Matthew Cuthbert was an old man, almost sixty years old. He and his sister, Marilla, lived at Green Gables. It was a small farm near the town of Avonlea.

On this day, Matthew was wearing his best clothes. He was excited. It was a special day. He drove to the train station in Avonlea.

"Has the five-thirty train arrived yet?" Matthew asked the stationmaster.

"Yes, it has," replied the stationmaster. "And a little girl is waiting for you now, over there."

Matthew was shocked. "A little girl? But we were expecting a boy!"

Matthew and Marilla had decided to adopt a boy from an orphanage.

Matthew wanted someone to help him on the farm.

Matthew saw a thin girl with red hair. She saw Matthew looking at her and ran to him.

"Are you Mr. Cuthbert of Green Gables?"

1   He <u>drove to</u> the train station.

그는 마차를 몰고 기차역으로 갔다.

• **drive to** (차·마차 등을) 몰고 ~로 가다

그녀는 차를 몰고 공항으로 갔다.

_____

힌트 the airport

2   We were <u>expecting</u> a boy!

우리는 남자아이를 기다리고 있었는데!

• **expect** 기다리다, 기대하다

나는 너의 답장을 기다리고 있었어.

_____

힌트 a reply from you

3   Matthew saw a thin girl <u>with red hair</u>.

매슈는 빨간 머리에 비쩍 마른 여자아이를 보았다.

• **with + 색깔 + hair** ~색 머리를 가진

갈색 머리 남자가 가게에 왔다.

_____

힌트 a man, brown, the store

. . . .

정답   1 She drove to the airport.

  2 I was expecting a reply from you.

  3 A man with brown hair came to the store.

DAY
02

QR 코드로
음성을 들어보세요!

Before Matthew could reply, she continued talking.

"I'm very excited to meet you," she said. "I was really happy to hear that you wanted to adopt me."

Matthew didn't know what to say. ❶He felt sorry for the little girl.

Matthew decided to take the girl home.

"Marilla could tell her it was a mistake," he thought.

However, ❷Matthew enjoyed listening to her on the way back home. She talked a lot! Matthew didn't have to say anything.

"My parents died when I was very young," she said. "❸I've always been poor, so I don't have any nice dresses. But I just imagine that I'm wearing a beautiful dress. Then I'm happy! Do you imagine things sometimes?"

"Well, I... I... not often," replied Matthew.

"I'm not talking too much, am I? Please tell me if it bothers you."

Matthew smiled at her and said, "You can go on talking. I like listening to you."

---

continue -ing 계속 ~하다 **feel sorry for** ~을 가엾게 여기다 (과거형 **felt**) **mistake** 실수 **think** 생각하다 (과거형 **thought**) **however** 하지만, 그러나 **enjoy -ing** ~하는 것을 즐기다 **on the way back home** 집으로 돌아가는 길에 **imagine** 상상하다, 공상하다 **sometimes** 때때로, 가끔 **bother** 귀찮게 하다, 성가시게 하다 **go on -ing** 계속 ~하다

---

❶ He <u>felt sorry for</u> the little girl.
그는 그 여자아이가 가여웠다.

feel sorry for는 '~을 가엾게 여기다'라는 뜻으로 나쁜 상황에 처한 사람을 안쓰럽게
여길 때 쓰는 표현이에요. feel pity for도 비슷한 뜻이에요.

➕ I <u>felt sorry for</u> my dog when it was sick.
나는 우리 강아지가 아팠을 때 가여웠다.

---

❷ Matthew enjoyed listening to her <u>on the way back home</u>.
매슈는 집에 돌아가는 길에 그 애의 얘기를 듣는 게 즐거웠다.

'~로 가는 길에'라는 뜻의 on the way에 back을 붙이면 '~로 돌아가는 길에'라는
의미가 돼요. on the way home은 '집에 가는 길에'이고, on the way back home
은 '집에 돌아가는 길에'가 됩니다.

➕ I met my mom <u>on the way back home</u>.
나는 집에 돌아가는 길에 엄마를 만났다.

---

❸ I've always <u>been</u> poor...
전 늘 가난했어요.

have been은 〈have+과거분사〉라는 현재완료 형태로 여기서는 '(과거부터
현재까지) 계속 ~했다'라는 뜻으로 썼어요. 앤이 과거에도 가난했고 지금도 가난한
상태임을 나타내요.

➕ She <u>has lived</u> in Seoul all her life.
그녀는 평생을 서울에서 살아 왔다.

Before Matthew could reply, she continued talking.

"I'm very excited to meet you," she said. "I was really happy to hear that you wanted to adopt me."

Matthew didn't know what to say. He felt sorry for the little girl.

Matthew decided to take the girl home.

"Marilla could tell her it was a mistake," he thought.

However, Matthew enjoyed listening to her on the way back home. She talked a lot! Matthew didn't have to say anything.

"My parents died when I was very young," she said. "I've always been poor, so I don't have any nice dresses. But I just imagine that I'm wearing a beautiful dress. Then I'm happy! Do you imagine things sometimes?"

"Well, I... I... not often," replied Matthew.

"I'm not talking too much, am I? Please tell me if it bothers you."

Matthew smiled at her and said, "You can go on talking. I like listening to you."

1 Before Matthew could reply, she <u>continued talking</u>.

매슈가 대답도 하기 전에, 그 애는 말을 계속 이어갔다.

• continue -ing 계속 ~하다

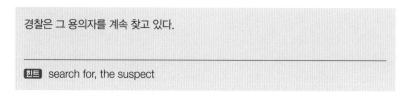

경찰은 그 용의자를 계속 찾고 있다.

_____

힌트 search for, the suspect

2 <u>I was really happy to hear that</u> you wanted to adopt me.

아저씨가 저를 입양하고 싶어 하신다는 말을 듣고 너무 기뻤어요.

• I am happy to hear that 나는 ~을 들어서 기쁘다

저희 호텔이 마음에 드신다니 기쁘네요.

_____

힌트 like, our hotel

3 Matthew <u>didn't know what to say</u>.

매슈는 무슨 말을 해야 할지 몰랐다.

• don't know what to + 동사원형 무엇을 ~할지 모르다

나는 저녁으로 뭘 먹어야 할지 모르겠어.

_____

힌트 eat, for dinner

....

정답　1 The police continue searching for the suspect.
　　　 2 I am happy to hear that you like our hotel.
　　　 3 I don't know what to eat for dinner.

DAY
03

QR 코드로
음성을 들어보세요!

When they arrived at Green Gables, Marilla came to the door to greet them. ❶She was smiling and her arms were open. But when she saw the little girl, she suddenly stopped.

"Matthew, who's this?" asked Marilla. "Where's the boy?"

Matthew sighed. "The orphanage made a mistake. They sent a girl instead of a boy."

The child was listening carefully. Suddenly she started to cry. "Oh, you don't want me!" she cried. "Now you'll send me back!"

"Oh, now, now," said Marilla as ❷she put an arm on the girl's shoulders. "Don't cry."

"Oh, this is just the worst thing in my life!" the girl cried out.

Marilla felt sorry for the girl. "Well, you can stay here just for tonight," she said. "Now, what's your name?"

The girl stopped crying. "❸Would you please call me Cordelia?" she asked.

---

arrive at ~에 도착하다 greet 인사하다, 맞이하다 suddenly 갑자기 sigh 한숨 쉬다 make a mistake 실수하다 (과거형 made) instead of ~ 대신에 carefully 유심히, 주의해서 send back 돌려보내다 worst 가장 나쁜, 최악의 in one's life 일생 동안, 평생에 cry out 외치다, 소리 지르다 call A B A를 B라고 부르다

❶ She was smiling and her arms were open.

그녀는 미소를 지으며 두 팔을 벌렸다.

open에는 '(눈·입·팔 등이) 떠져[벌려져] 있는'이라는 뜻이 있어요. 위 표현을 직역하면 '그녀의 두 팔이 벌려져 있다'인데, 이는 '두 팔 벌려 환영한다'는 뜻이에요. wide open이라고 하면 '활짝 벌린'이라는 강조의 뜻이 돼요.

✚ Their arms will be open when you come back.

네가 돌아오면 그들은 두 팔 벌려 맞아 줄 거야.

❷ She put an arm on the girl's shoulders.

머릴러는 여자아이의 어깨에 팔을 올려놓았다.

⟨put A on B⟩는 'A를 B 위에 두다' 또는 'B에 A를 올려놓다'라는 뜻이에요.

✚ James put his hands on the wheel.

제임스는 손을 핸들에 올려놓았다.

❸ Would you please call me Cordelia?

저를 코델리아라고 불러 주시겠어요?

Would you please~?는 '~해 주시겠어요?'라는 의미로 매우 공손하게 요청할 때 써요. call A B는 'A를 B라고 부르다'라는 뜻으로, 앤이 좋아하는 이름으로 자신을 불러 달라고 요청하는 장면입니다.

✚ Would you please slow down?

좀 천천히 가 줄래요?

When they arrived at Green Gables, Marilla came to the door to greet them. She was smiling and her arms were open. But when she saw the little girl, she suddenly stopped.

"Matthew, who's this?" asked Marilla. "Where's the boy?"

Matthew sighed. "The orphanage made a mistake. They sent a girl instead of a boy."

The child was listening carefully. Suddenly she started to cry. "Oh, you don't want me!" she cried. "Now you'll send me back!"

"Oh, now, now," said Marilla as she put an arm on the girl's shoulders. "Don't cry."

"Oh, this is just the worst thing in my life!" the girl cried out.

Marilla felt sorry for the girl. "Well, you can stay here just for tonight," she said. "Now, what's your name?"

The girl stopped crying. "Would you please call me Cordelia?" she asked.

◆ **Writing**

1 They sent a girl <u>instead of</u> a boy.

그들이 남자아이 대신에 여자아이를 보냈어.

• **instead of** ~ 대신에

나는 종이컵 대신 텀블러를 사용한다.

_____

힌트 use, a tumbler, paper cups

2 Suddenly she <u>started to</u> cry.

그 애는 갑자기 울음을 터뜨렸다.

• **start to** ~하기 시작하다

갑자기 비가 내리기 시작했다.

_____

힌트 rain

3 The girl <u>stopped crying</u>.

여자아이가 울음을 그쳤다.

• **stop -ing** (하던 일을) 멈추다

강아지는 뒤뜰에서 땅을 파는 것을 멈췄다.

_____

힌트 dig, in the backyard

. . . .

정답 1 I use a tumbler instead of paper cups.

2 Suddenly it started to rain.

3 The dog stopped digging in the backyard.

DAY

04

QR 코드로
음성을 들어보세요!

"Cordelia? Is that your name?"

"No, it isn't, but it's a very beautiful name, don't you think?" said the girl.

"I like to imagine that my name is Cordelia, because my real name, Anne Shirley, is not very nice."

Marilla shook her head. "This girl has too much imagination," she thought.

When the girl was in bed, ❶Marilla spoke to Matthew. "She must go back to the orphanage tomorrow."

Matthew coughed a little. "Marilla, don't you think..." he stopped. "She's a nice little thing, you know."

"Matthew Cuthbert!" said Marilla. She only called him by their last name when she was angry.

"❷Are you telling me that you want to keep her?"

Matthew was uncomfortable and a little nervous. "Well, she's clever, and interesting, and..."

"But we don't need a girl!" said Marilla. "❸She'll be hard to take care of, and not much help to us."

"Perhaps she needs us," Matthew replied. "Look, Marilla, she's had an unhappy life. She can help you in the house. I can get a boy from the village to help me on the farm. What do you think?"

....

real 진짜의, 실제의 **shake one's head** 고개를 가로젓다 (과거형 shook) **imagination** 상상력 **go back to** ~로 돌아가다 **cough** (헛)기침하다 **thing** 아이, 녀석 **call A by B** A를 B로 부르다 **last name** 성 **keep** 부양하다, 데리고 있다 **uncomfortable** 언짢은, 불편한 **nervous** 불안한, 초조한 **clever** 영리한 **be hard to** ~하기 어렵다 **take care of** ~을 돌보다, 보살피다 **perhaps** 어쩌면, 혹시

◆ Reading Points

❶ Marilla spoke to Matthew.
머릴러는 매슈에게 말했다.

talk to(~에게 말하다)가 일상적으로 가볍게 대화하는 느낌이라면 speak to(~에게 말하다)는 약간 격식을 차리거나 자신의 의견을 강하게 전달하는 뉘앙스가 있어요.

✦ She tried to speak to him about the problem.
그녀는 그 문제에 대해 그에게 말하려고 했다.

❷ Are you telling me that you want to keep her?
저 애를 데리고 있고 싶다는 말이에요?

밑줄 부분은 '지금 나한테 ~라고 말하는 거예요?' 또는 '~라는 말이에요?'라는 의미예요. 이는 '어떻게 나한테 그런 말을 할 수 있어요?'라는 의미로 놀랐거나 화가 난다는 뉘앙스가 느껴지는 표현입니다.

✦ Are you telling me that I was wrong?
내가 틀렸다는 말이야?

❸ She'll be hard to take care of, and not much help to us.
저 애는 돌보기도 힘들고, 우리에게 별 도움도 안 될 거예요.

be not much help는 '별 도움이 되지 않는다'라는 의미인데, 반복을 피하기 위해 and 다음에 be동사를 생략했어요. 이 표현은 be not very helpful로 바꿔 쓸 수 있어요.

✦ This is not much help to people.
이것은 사람들한테 별 도움이 안 된다.

"Cordelia? Is that your name?"

"No, it isn't, but it's a very beautiful name, don't you think?" said the girl.

"I like to imagine that my name is Cordelia, because my real name, Anne Shirley, is not very nice."

Marilla shook her head. "This girl has too much imagination," she thought.

When the girl was in bed, Marilla spoke to Matthew. "She must go back to the orphanage tomorrow."

Matthew coughed a little. "Marilla, don't you think..." he stopped. "She's a nice little thing, you know."

"Matthew Cuthbert!" said Marilla. She only called him by their last name when she was angry.

"Are you telling me that you want to keep her?"

Matthew was uncomfortable and a little nervous. "Well, she's clever, and interesting, and..."

"But we don't need a girl!" said Marilla. "She'll be hard to take care of, and not much help to us."

"Perhaps she needs us," Matthew replied. "Look, Marilla, she's had an unhappy life. She can help you in the house. I can get a boy from the village to help me on the farm. What do you think?"

◆ Writing

1 She must <u>go back to</u> the orphanage tomorrow.

저 애는 내일 보육원으로 돌아가야 해요.

• **go back to** ~로 돌아가다

넌 공항으로 돌아가야 해.

_____

힌트 must, the airport

2 Matthew <u>coughed</u> a little.

매슈는 가벼운 헛기침을 했다.

• **cough** (헛)기침하다

그 노인은 기침을 여러 번 했다.

_____

힌트 several times

3 Matthew was <u>uncomfortable</u>, and a little nervous.

매슈는 기분이 언짢고 약간 불안했다.

• **uncomfortable** 언짢은, 불편한

나는 그 결정이 아주 언짢았다.

_____

힌트 about the decision

. . . .

정답 1 You must go back to the airport.
2 The old man coughed several times.
3 I was very uncomfortable about the decision.

QR 코드로
음성을 들어보세요!

Marilla thought for a long time. She did feel sorry for the girl. Finally, she said, "All right. I agree. The poor child can stay. ❶I'll look after her."

Matthew smiled. "Be kind to her, Marilla. I think she needs a lot of love."

CHAPTER TWO

I Love It Here

The next morning at breakfast, Marilla said, "Well, Anne, we have decided to adopt you."

Anne started to cry.

"Why, child, what's the matter?" asked Marilla.

"I'm crying," said Anne, "because I'm so happy! ❷I love it here! Oh, thank you, thank you!"

"Now stop crying, child," said Marilla. She was a bit upset because Anne was crying.

Anne stopped crying and said, "Can I call you Aunt Marilla? I've never had any family at all, so I'd really like to have a nice and kind aunt. ❸We could imagine you're my mother's sister."

---

for a long time 오랫동안 **finally** 마침내, 드디어 **look after** ~을 돌보다, 보살피다 **matter** 문제, 일 **a bit** 약간 **upset** 당황한, 속상한 **aunt** 이모, 고모, (외)숙모 **at all** 전혀, 한 번도 **I'd really like to** 정말 ~하고 싶다

❶ I'll look after her.

제가 저 애를 돌볼게요.

look after는 '~을 돌보다'라는 뜻으로 사람이나 물건을 책임감을 가지고 보살필 때 씁니다. 비슷한 뜻으로 take care of가 있어요.

✛ **Please look after my cat while I'm away.**

내가 없는 동안에 내 고양이를 보살펴 주세요.

❷ I love it here!

전 여기가 너무 좋아요!

'여기가 좋아요.'라고 할 때 I love here.라고 말하는 실수를 흔히 하는데요. here는 부사이기 때문에 목적어가 될 수 없어요. 그래서 it을 꼭 써야 해요. 여기서 it은 this house 정도의 의미라고 볼 수 있어요.

✛ **They really love it here.**

그들은 여기를 정말 좋아해.

❸ We could imagine you're my mother's sister.

우린 아주머니가 저희 엄마의 언니라고 상상할 수도 있잖아요.

조동사 could는 '~할 수도 있다'라는 뜻으로 가능성을 나타낼 때 사용해요. 머릴라가 진짜 이모는 아니지만 그렇게 상상할 수도 있지 않냐는 의미로 한 말이에요.

✛ **It could snow tomorrow.**

내일 눈이 올 수도 있어.

Marilla thought for a long time. She did feel sorry for the girl. Finally, she said, "All right. I agree. The poor child can stay. I'll look after her."

Matthew smiled. "Be kind to her, Marilla. I think she needs a lot of love."

CHAPTER TWO
I Love It Here

The next morning at breakfast, Marilla said, "Well, Anne, we have decided to adopt you."

Anne started to cry.

"Why, child, what's the matter?" asked Marilla.

"I'm crying," said Anne, "because I'm so happy! I love it here! Oh, thank you, thank you!"

"Now stop crying, child," said Marilla. She was a bit upset because Anne was crying.

Anne stopped crying and said, "Can I call you Aunt Marilla? I've never had any family at all, so I'd really like to have a nice and kind aunt. We could imagine you're my mother's sister."

1 Marilla thought <u>for a long time.</u>

머릴러는 오랫동안 생각했다.

• for a long time 오랫동안

우리는 오랫동안 함께 걸었다.

_____

힌트 walk, together

2 She <u>did feel</u> sorry for the girl.

그녀는 그 여자아이가 정말 가여웠다.

• do/does/did + 동사원형 동사의 의미를 강조하기 위해 사용

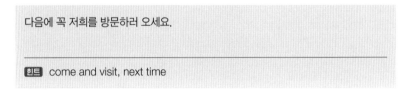

다음에 꼭 저희를 방문하러 오세요.

_____

힌트 come and visit, next time

3 Can I <u>call you Aunt Marilla?</u>

머릴러 이모라고 불러도 돼요?

• call A B A를 B라고 부르다

우리는 그를 천재라고 불렀다.

_____

힌트 a genius

. . . .

정답 1 We walked for a long time together.

2 Do come and visit us next time.

3 We called him a genius.

DAY

06

QR 코드로
음성을 들어보세요!

Marilla was surprised.

"I couldn't do that," answered Marilla firmly.

Now Anne was surprised. "❶Don't you ever imagine things?" she asked.

"No, I don't have time for that," Marilla said. "I do the housework and look after Matthew. There's no time in this house to imagine things."

Anne was quiet for a short time. Then she said, "Marilla, do you think I'll find a best friend here? I've always wanted to have a friend."

Marilla said, "Our friends, ❷the Barrys have a daughter, Diana. She is eleven like you."

"Diana! What a beautiful name!" said Anne. "Her hair isn't red, is it? I hope it isn't. I hate my hair. Red is so ugly."

"❸Diana has dark hair," said Marilla.

When Anne met Diana, the two girls knew that they would be best friends.

---

surprised 놀란 firmly 단호하게, 확고하게 ever (부정문·의문문에서) 한 번도, 전혀 have time for ~할 시간이 있다 housework 집안일 best friend 가장 친한 친구 the Barrys 배리 부부, 배리네 like ~같은, ~처럼 hate 싫어하다, 미워하다 ugly 못생긴, 보기 흉한 dark 어두운, 검은색의

❶ Don't you ever imagine things?

아주머니는 뭔가를 상상해 보지 않으세요?

Don't you ever ~?는 '~을 (전혀) 하지 않아?'라는 뜻이에요. '어떻게 안 할 수가 있어?'라는 뉘앙스가 들어 있습니다. 참고로 Have you ever ~?는 '~을 해 본 적 있어?'라는 뜻으로 경험을 묻는 질문이에요.

✛ **Have you ever tried durians?**

두리안을 먹어 본 적 있어?

❷ The Barrys have a daughter, Diana.

배리 부부에게 다이애나라는 딸이 있단다.

the Barrys는 '배리 부부'를 뜻해요. 가족이나 부부를 표현할 때 성 뒤에 s를 붙이고 앞에 the를 붙이면 '~네 부부[가족]'라는 의미가 됩니다.

✛ **The Smiths used to go abroad once a year.**

스미스 가족은 일 년에 한 번 해외에 가곤 했다.

❸ Diana has dark hair.

다이애나의 머리는 검은색이란다.

dark hair는 '어두운 머리', 즉 '검은색 머리'를 뜻해요. dark hair 대신 black hair나 dark brown hair라고 쓰기도 해요.

✛ **Mary has long dark hair.**

메리는 머리가 길고 검다.

Marilla was surprised.

"I couldn't do that," answered Marilla firmly.

Now Anne was surprised. "Don't you ever imagine things?" she asked.

"No, I don't have time for that," Marilla said. "I do the housework and look after Matthew. There's no time in this house to imagine things."

Anne was quiet for a short time. Then she said, "Marilla, do you think I'll find a best friend here? I've always wanted to have a friend."

Marilla said, "Our friends, the Barrys have a daughter, Diana. She is eleven like you."

"Diana! What a beautiful name!" said Anne. "Her hair isn't red, is it? I hope it isn't. I hate my hair. Red is so ugly."

"Diana has dark hair," said Marilla.

When Anne met Diana, the two girls knew that they would be best friends.

1 <u>Do you think</u> I'll find a best friend here?

제가 이곳에서 제일 친한 친구를 찾게 될까요?

• **Do you think ~?** ~라고 생각해?

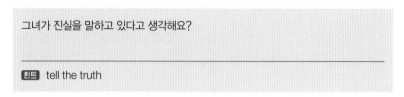

그녀가 진실을 말하고 있다고 생각해요?

_____

힌트 tell the truth

2 She is eleven <u>like</u> you.

그 애도 너처럼 열한 살이야.

• **like** ~같은, ~처럼

그는 그의 아버지처럼 잘생겼다.

_____

힌트 handsome

3 What a beautiful name!

정말 예쁜 이름이에요!

• **What a + 형용사 + 명사!** 정말 ~한 ~구나!

정말 멋진 집이에요!

_____

힌트 a nice house

. . . .

정답 1 Do you think she's telling the truth?
2 He is handsome like his father.
3 What a nice house!

DAY
07

QR 코드로
음성을 들어보세요!

In the morning, Anne helped Marilla around the house. Then in the afternoon, she played with Diana, or talked happily with Matthew while he worked on the farm. She soon knew the names of every flower, tree, and animal at Green Gables and she loved them all.

❶One person who wanted to know everything in Avonlea was Mrs. Rachel Lynde. She was very interested in the Cuthbert's orphan girl.

Mrs. Lynde decided to visit Green Gables. Marilla welcomed Mrs. Lynde into the farmhouse, and told her all about Anne.

"So you and Matthew have decided to adopt her!" said Mrs. Lynde.

Marilla said with a smile, "❷She's a clever little thing. ❸She's brought some joy and laughter to this house."

But Mrs. Lynde shook her head sadly. "You've made a mistake, Marilla!"

Just then, Anne ran in from the garden. Mrs. Lynde looked at the thin, little girl.

---

happily 즐겁게　**while** ~하는 동안　**soon** 곧, 이내　**orphan** 고아; 고아의　**welcome** 맞이하다, 환영하다　**farmhouse** 농장 내의 주택　**with a smile** 미소를 지으며　**bring** 가져오다, 불어넣다 (과거형 brought)　**joy** 기쁨　**laughter** 웃음　**just then** (과거의) 바로 그때

❶ One person <u>who</u> wanted to know everything in Avonlea...

애번리에서 일어나는 모든 일을 알고 싶어 하는 한 사람

여기서 who는 관계대명사로 앞에 나온 one person을 꾸며 주는 형용사절을 이끌어요. one person who wanted to는 '~하고 싶어 했던 한 사람'이라는 의미입니다.

✚ A woman <u>who</u> is called Julia came to see you.
줄리아라고 하는 여자가 당신을 만나러 왔었어요.

❷ She's clever <u>little thing</u>.

그 애는 똑똑해요.

thing은 보통 사물을 가리키지만 형용사와 함께 써서 '~한 사람[동물]'을 가리키기도 합니다.

✚ You must be cold. Oh, you <u>poor thing</u>!
춥겠구나. 오, 불쌍한 것!

❸ She's <u>brought</u> some joy and laughter <u>to</u> this house.

그 애는 이 집에 기쁨과 웃음을 가져다주었어요.

bring은 '가져오다, 데려오다'라는 뜻으로 〈bring A to B〉는 'A를 B에 가져오다[데려오다]'라는 의미가 됩니다. brought은 bring의 과거형이에요.

✚ He <u>brought</u> his girlfriend <u>to</u> the house.
그는 여자친구를 집에 데려왔다.

In the morning, Anne helped Marilla around the house. Then in the afternoon, she played with Diana, or talked happily with Matthew while he worked on the farm. She soon knew the names of every flower, tree, and animal at Green Gables and she loved them all.

One person who wanted to know everything in Avonlea was Mrs. Rachel Lynde. She was very interested in the Cuthbert's orphan girl.

Mrs. Lynde decided to visit Green Gables. Marilla welcomed Mrs. Lynde into the farmhouse, and told her all about Anne.

"So you and Matthew have decided to adopt her!" said Mrs. Lynde.

Marilla said with a smile, "She's a clever little thing. She's brought some joy and laughter to this house."

But Mrs. Lynde shook her head sadly. "You've made a mistake, Marilla!"

Just then, Anne ran in from the garden. Mrs. Lynde looked at the thin, little girl.

1 She was very interested in the Cuthbert's orphan girl.

그녀는 커스버트 씨의 고아 여자아이에 대해 무척 관심이 많았다.

• **be very interested in** ~에 관심이 많다

그들은 미래에 관심이 아주 많았다.

힌트 the future

2 Marilla welcomed Mrs. Lynde into the farmhouse.

머릴러는 린드 부인을 집으로 맞이했다.

• **welcome** 다정하게 맞이하다

그녀는 부모님을 맞이하기 위해 달려 나갔다.

힌트 ran out, her parents

3 Marilla said with a smile.

머릴러는 미소를 지으며 말했다.

• **with a smile** 미소를 지으며

당신은 항상 미소를 지으며 우리에게 인사하네요.

힌트 greet us

정답 1 They were very interested in the future.
2 She ran out to welcome her parents.
3 You always greet us with a smile.

DAY
08

QR 코드로
음성을 들어보세요!

"Isn't she thin, Marilla?" asked Mrs. Lynde. "And just look at those freckles, and that hair — red as carrots!"

Anne's face became very red.

"I hate you!" she shouted angrily. "I hate you! You're a fat, old, terrible woman!"

Then Anne ran upstairs to her room.

"Oh, dear, what a terrible child!" said Mrs. Lynde. "❶You'll have a lot of problems with that one. ❷I can tell you that!"

Marilla replied, "You were rude to her, Rachel."

Mrs. Lynde was very surprised.

"Well!" she said. "❸I think this orphan girl is more important to you than I am. Well, I'm sorry for you, that's all. Goodbye."

Then, Marilla went up to Anne's room. The child was lying on her narrow bed. Her face was on her pillow, and she was crying.

"You shouldn't get angry like that," Marilla said softly. Anne lifted her head and said, "She was mean to me!"

---

freckle 주근깨 **angrily** 화가 나서 **terrible** 끔찍한, 지독한 **upstairs** 이층으로, 위층으로 **Oh, dear** 원, 이런, 세상에 **have a problem with** ~에 문제가 생기다 **can tell** 알 수 있다 **be rude to** ~에게 무례하게 굴다 **lie on** ~에 눕다 (현재분사 **lying**) **narrow** 좁은 **pillow** 베개 **softly** 부드럽게, 작은 목소리로 **lift** 들어 올리다 **mean** 심술궂은, 못된

❶ You'll have a lot of problems with that <u>one</u>.

저 아이 때문에 문제가 많이 생기겠어요.

여기서 one은 대명사로서 앞에 나온 child를 가리키고 있어요. 이처럼 앞에 나온 명사의 반복을 피할 때 one을 씁니다.

✚ My smartphone is broken, so I will get a new <u>one</u>.

내 핸드폰이 고장 나서 새것을 살 거야.

❷ I can <u>tell you</u> that!

제가 장담한다고요!

I can tell you.는 자신의 말이 믿기 어려울지 몰라도 진실이라는 것을 강조하기 위해 쓰는 표현이에요. I'm telling you.도 비슷한 표현이에요.

✚ I can tell you, I've never seen a dog this big.

장담하는데, 난 이렇게 큰 개는 본 적이 없어.

❸ I think this orphan girl is <u>more important</u> to you <u>than</u> I am.

당신에게는 나보다 저 고아 아이가 더 소중한 것 같군요.

두 가지를 비교할 때는 〈형용사/부사+-er〉 혹은 〈more+형용사/부사〉 형태의 비교급을 쓰고 그 뒤에 than을 붙입니다. 위 문장은 원래 I think this orphan girl is more important to you than I am <u>important to you</u>.인데 중복을 피하기 위해 밑줄 친 부분을 생략한 거예요.

✚ I think nothing could be <u>more important than</u> health.

나는 건강보다 더 중요한 것은 없다고 생각한다.

"Isn't she thin, Marilla?" asked Mrs. Lynde. "And just look at those freckles, and that hair — red as carrots!"

Anne's face became very red.

"I hate you!" she shouted angrily. "I hate you! You're a fat, old, terrible woman!"

Then Anne ran upstairs to her room.

"Oh, dear, what a terrible child!" said Mrs. Lynde. "You'll have a lot of problems with that one. I can tell you that!"

Marilla replied, "You were rude to her, Rachel."

Mrs. Lynde was very surprised.

"Well!" she said. "I think this orphan girl is more important to you than I am. Well, I'm sorry for you, that's all. Goodbye."

Then, Marilla went up to Anne's room. The child was lying on her narrow bed. Her face was on her pillow, and she was crying.

"You shouldn't get angry like that," Marilla said softly. Anne lifted her head and said, "She was mean to me!"

1 Anne's face <u>became very red</u>.

앤의 얼굴이 새빨개졌다.

- **become + 형용사** (감정이나 상태가) ~해지다

나는 불면증 때문에 피곤해졌다.

_____

힌트 because of insomnia

2 The child <u>was lying on</u> her narrow bed.

아이는 좁은 침대에 누워 있었다.

- **be lying on** ~ 위에 누워 있다

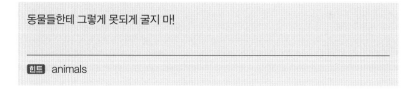

귀여운 고양이가 나뭇가지 위에 누워 있다.

_____

힌트 the branch of a tree

3 She was <u>mean to</u> me!

그 아주머니는 저한테 너무하셨어요!

- **mean to** ~에게 심술궂은[못된]

동물들한테 그렇게 못되게 굴지 마!

_____

힌트 animals

....

정답
1 I became tired because of insomnia.
2 A cute cat is lying on the branch of a tree.
3 Don't be so mean to animals!

DAY
09

QR 코드로
음성을 들어보세요!

"I understand how you feel," said Marilla. "But ❶you must go to her, and apologize for your rudeness."

Anne's head dropped down. "I can never do that," she said.

"Then you must stay in your room, and think about it," Marilla said firmly. "You can come out when you're ready to apologize."

Breakfast, lunch, and dinner seemed very quiet without Anne. That evening, Matthew quietly went upstairs. The little girl was sitting sadly by the window.

"Anne," said Matthew, "Why don't you say you're sorry?"

"I am sorry now," said Anne. "I was very angry yesterday! But when I woke up this morning, I wasn't angry anymore. ❷I was even a little ashamed. But do you really want me to... apologize?"

"Yes, that's the very word," said Matthew.

"I really don't want to apologize to that woman," she said. Then she looked at Matthew's kind face. "But ❸I would do anything for you."

Anne sighed. "Okay, I'll do it."

Matthew smiled. "That's a good girl," he said.

---

understand 이해하다 apologize for ~에 대해 사과하다 rudeness 무례함, 건방짐 drop down 아래로 떨어지다 be ready to ~할 준비가 되다 seem ~해 보이다, ~인 것 같다 without ~ 없이 quietly 조용히 even 오히려, 심지어 ashamed 부끄러운, 창피한 very 바로 그 word 말 would ~하겠다 anything (긍정문에서) 무엇이든

❶ **You must go to her, and <u>apologize for</u> your rudeness.**
넌 그분에게 가서 네 무례함을 사과해야 해.

apologize는 '사과하다'라는 의미예요. apologize 다음에 for가 오면 '~에 대해 사과하다'라는 뜻이 됩니다. 참고로 '~에게 사과하다'처럼 사과의 대상을 언급할 때는 전치사 to를 써서 apologize to her처럼 쓰면 됩니다.

✛ I <u>apologize for</u> being late.
늦은 것에 대해 사과드려요.

❷ **I was even a little <u>ashamed</u>.**
오히려 조금 부끄럽기까지 했어요.

ashamed는 '부끄러운, 창피한'이라는 뜻의 형용사예요. 자기가 잘못한 일에 대해 부끄러운 기분을 나타낼 때 씁니다. 이와 비슷한 embarrassed는 '창피한'이라는 뜻으로 남들 앞에서 실수를 하거나 바보 같은 짓을 했을 때 사용해요.

✛ He was <u>ashamed</u> of his rude behavior.
그는 무례한 행동을 한 것이 부끄러웠다.

❸ **I <u>would</u> do anything for you.**
아저씨를 위해서라면 뭐든지 할게요.

would는 '~하겠다'라는 의미로 어떤 일에 대한 의지나 의향을 표현할 때 쓸 수 있어요. 앤이 매슈 아저씨가 원한다면 사과를 하겠다는 의향을 나타내며 would를 썼어요.

✛ I <u>would</u> go anywhere with you.
나는 너와 함께라면 어디든 갈 거야.

"I understand how you feel," said Marilla. "But you must go to her, and apologize for your rudeness."

Anne's head dropped down. "I can never do that," she said.

"Then you must stay in your room, and think about it," Marilla said firmly. "You can come out when you're ready to apologize."

Breakfast, lunch, and dinner seemed very quiet without Anne. That evening, Matthew quietly went upstairs. The little girl was sitting sadly by the window.

"Anne," said Matthew, "Why don't you say you're sorry?"

"I am sorry now," said Anne. "I was very angry yesterday! But when I woke up this morning, I wasn't angry anymore. I was even a little ashamed. But do you really want me to... apologize?"

"Yes, that's the very word," said Matthew.

"I really don't want to apologize to that woman," she said. Then she looked at Matthew's kind face. "But I would do anything for you."

Anne sighed. "Okay, I'll do it."

Matthew smiled. "That's a good girl," he said.

◆ Writing

1   **But <u>you must</u> go to her.**

하지만 넌 그분에게 가야 해.

- **you must** 넌 ~해야 한다

너는 우선 이 일을 끝내야 해.

_____

힌트 finish, first

2   **<u>I can never</u> do that.**

전 절대로 그럴 수 없어요.

- **I can never** 난 절대[전혀] ~할 수 없다

난 돈이 없는 인생은 전혀 상상할 수 없다.

_____

힌트 imagine, without

3   **<u>Why don't you</u> say you're sorry?**

죄송하다고 말하지 그러니?

- **Why don't you ~?** ~하는 게 어때?, ~하지 그래?

다시 시도해 보는 게 어때?

_____

힌트 try it

....

정답   1   You must finish this work first.

2   I can never imagine life without money.

3   Why don't you try it again?

DAY
10

QR 코드로
음성을 들어보세요!

Marilla was pleased to hear that Anne would apologize.

Later that evening, she and Anne visited Mrs. Lynde's house. Anne fell on her knees in Mrs. Lynde's warm kitchen.

"Oh, Mrs. Lynde," cried the little girl. "I'm so sorry. ❶I can't tell you how sorry I am, so you must just imagine it. But please say that you will forgive me. I'll be sad all my life if you don't!"

Marilla looked closely at Anne. She thought Anne was not really sorry.

However, Mrs. Lynde said kindly, "Of course, I forgive you, Anne. ❷I said your hair is a terrible red, but don't worry. ❸I had a friend once who had red hair like yours. When she grew up, it became a beautiful brown. Now, you can go play in my garden."

When Anne was gone, Mrs. Lynde turned to Marilla.

"She's a strange little girl. She gets angry easily, but she also cools down fast. That's better than a child who hides her feelings. She has a strange way of talking, but I think I like her."

---

be pleased to ~해서 기쁘다 **fall on one's knees** 무릎을 꿇다 (과거형 fell) **forgive** 용서하다 **look closely** 유심히[자세히] 보다 **kindly** 자상하게, 친절하게 **once** (과거) 한때 **grow up** 자라다 (과거형 grew) **turn to** ~에게 몸을 돌리다, ~을 향하다 **cool down** (화 등을) 가라앉히다, 식히다 **hide** 숨기다 **feelings** 감정 **way** 방식, 방법

❶ I can't tell you how sorry I am...

뭐라 말씀드릴 수가 없을 정도로 너무 죄송해요.

⟨how+형용사+I am⟩은 '내가 얼마나 ~한지'라는 뜻이므로 how sorry I am은 '내가 얼마나 미안한지'라는 의미입니다. 따라서 이 문장은 '내가 얼마나 미안한지 말할 수 없다', 즉 '뭐라 말씀드릴 수 없을 정도로 너무 죄송하다'라는 뜻이에요.

✚ I can't tell you how happy I am.

나는 말할 수 없을 정도로 행복해요.

❷ I said your hair is a terrible red...

난 네 머리가 보기 싫은 빨간색이라고 말했지.

색 앞에는 보통 관사를 쓰지 않지만 여기서는 여러 붉은 색조 중 하나를 가리키기 위해 a terrible red라고 한 거예요. 아래 나오는 a beautiful brown도 같은 경우라고 보면 됩니다.

✚ Look up at the sky! It is a beautiful blue.

하늘을 봐! 아름다운 파란색이야.

❸ I had a friend once who had red hair like yours.

예전에 너처럼 빨간 머리를 가진 친구가 있었단다.

yours는 '네 것'이라는 뜻으로 여기서는 문맥상 your hair를 뜻합니다. 영어의 소유대명사에는 mine(내 것), yours(네 것), his(그의 것), hers(그녀의 것), theirs(그들의 것), ours(우리의 것)가 있습니다.

✚ This is my room, and yours is next to mine.

이건 내 방이고, 네 방은 내 방 옆이야.

Marilla was pleased to hear that Anne would apologize.

Later that evening, she and Anne visited Mrs. Lynde's house. Anne fell on her knees in Mrs. Lynde's warm kitchen.

"Oh, Mrs. Lynde," cried the little girl. "I'm so sorry. I can't tell you how sorry I am, so you must just imagine it. But please say that you will forgive me. I'll be sad all my life if you don't!"

Marilla looked closely at Anne. She thought Anne was not really sorry.

However, Mrs. Lynde said kindly, "Of course, I forgive you, Anne. I said your hair is a terrible red, but don't worry. I had a friend once who had red hair like yours. When she grew up, it became a beautiful brown. Now, you can go play in my garden."

When Anne was gone, Mrs. Lynde turned to Marilla.

"She's a strange little girl. She gets angry easily, but she also cools down fast. That's better than a child who hides her feelings. She has a strange way of talking, but I think I like her."

1 **Marilla <u>was pleased to hear that</u> Anne would apologize.**

머릴러는 앤이 사과할 거라는 말을 듣고 기뻤다.

• **be pleased to hear that** ~을 듣으니 기쁘다

당신이 몸이 나았다는 소리를 들으니 기쁘네요.

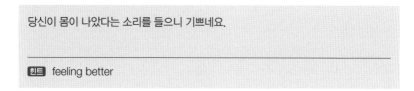

힌트 feeling better

2 **<u>I had a friend once who</u> had red hair like yours.**

예전에 너처럼 빨간 머리를 가진 친구가 있었단다.

• **I have a friend who** 나는 ~한 친구가 있어

나는 요리를 좋아하는 친구가 있다.

힌트 likes to cook

3 **When Anne <u>was gone</u>, Mrs. Lynde turned to Marilla.**

앤이 가고 나자, 린드 부인은 머릴러 쪽으로 몸을 돌렸다.

• **be gone** 가 버리다, 가고 없다

내가 일어났을 때 우리 언니는 가고 없었다.

힌트 woke up

....

정답   1 I am pleased to hear that you are feeling better.

     2 I have a friend who likes to cook.

     3 My sister was gone when I woke up.

DAY
11

QR 코드로
음성을 들어보세요!

CHAPTER THREE
I Hate You, Gilbert

When school started in September, Anne and Diana walked to school together. Diana said to Anne, "Today you'll meet Gilbert Blythe. ❶He's very good-looking."

"Oh, boys!" said Anne. "I'm not interested in them."

But when Anne saw Gilbert in school, ❷she did look at him closely. ❸He was tall with curly brown hair. He had a friendly smile. "He is good-looking," whispered Anne to Diana.

The next day was quiet at the Avonlea school. The teacher, Mr. Philips, was in the back of the classroom. He was helping some of the older children.

Anne was looking out the window. She was dreaming. Gilbert saw her and wanted to talk to her. He whispered, "Hey, Anne!"

Anne did not hear Gilbert. She was imagining that she was flying in the wind above the beautiful trees.

---

good-looking 잘생긴 **be interested in** ~에 관심 있다 **curly** 곱슬머리의, 곱슬곱슬한 **friendly** 다정한, 친절한 **whisper** 속삭이다 **in the back of** ~의 뒤에 **classroom** 교실 **look out** 바깥을 내다보다 **dream** 꿈꾸다, 몽상하다 **fly** 날다 **above** ~보다 위에[위로]

❶ He's very <u>good-looking</u>.

걔는 정말 잘생겼어.

good-looking은 '잘생긴'이라는 의미로 handsome과 비슷한 뜻이에요.

✚ Don't you think the man is <u>good-looking</u>?

저 남자 잘생긴 것 같지 않니?

❷ She <u>did look</u> at him closely.

앤은 그를 자세히 살펴보았다.

여기서 did는 동사 look을 강조하기 위해 쓴 거예요. 앤이 길버트를 살펴보는 모습을 강조하고 있어요. 이처럼 동사를 강조하고 싶을 때 동사원형 앞에 do/did/does를 인칭과 시제에 맞게 사용하면 됩니다.

✚ Chloe, we will be late, please <u>do hurry</u> up!

클로이, 우리 늦겠어, 제발 좀 서둘러!

❸ He was tall <u>with curly brown hair</u>.

그는 갈색 곱슬머리에 키가 컸다.

외모를 묘사할 때 전치사 with를 자주 사용해요. 이때 with는 '~을 가진'이라는 뜻이에요. 머리 색깔이나 길이 등을 말할 때는 〈with+형용사+hair〉를 사용할 수 있어요.

✚ The woman <u>with blue hair</u> is reading a magazine.

파란 머리의 여자가 잡지를 읽고 있다.

I Hate You, Gilbert

When school started in September, Anne and Diana walked to school together. Diana said to Anne, "Today you'll meet Gilbert Blythe. He's very good-looking."

"Oh, boys!" said Anne. "I'm not interested in them."

But when Anne saw Gilbert in school, she did look at him closely. He was tall with curly brown hair. He had a friendly smile. "He is good-looking," whispered Anne to Diana.

The next day was quiet at the Avonlea school. The teacher, Mr. Philips, was in the back of the classroom. He was helping some of the older children.

Anne was looking out the window. She was dreaming. Gilbert saw her and wanted to talk to her. He whispered, "Hey, Anne!"

Anne did not hear Gilbert. She was imagining that she was flying in the wind above the beautiful trees.

1 Anne and Diana <u>walked to school</u> together.

앤과 다이애나는 함께 학교에 걸어갔다.

• **walk to school** 학교에 걸어가다

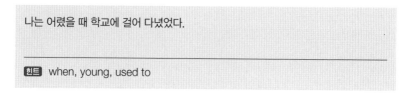

나는 어렸을 때 학교에 걸어 다녔었다.

힌트 when, young, used to

2 He <u>had a friendly smile.</u>

그는 다정한 미소를 지녔다.

• **have a + 형용사 + smile** ~한 미소를 지니다

넌 예쁜 미소를 지녔구나.

힌트 pretty

3 Mr. Philips was <u>in the back of</u> the classroom.

필립스 선생님은 교실 뒤쪽에 있었다.

• **in the back of** ~의 뒤쪽에

그녀는 버스 뒤쪽에 앉는 것을 좋아한다.

힌트 likes, sit

. . . .

정답 1 When I was young, I used to walk to school.

2 You have a pretty smile.

3 She likes to sit in the back of the bus.

DAY
12

QR 코드로
음성을 들어보세요!

Gilbert was surprised. Usually girls wanted to talk to him.

❶He reached over and pulled Anne's hair. "Carrots, carrots!" he yelled.

Anne jumped up, and looked at Gilbert.

"What a horrible boy you are!" she shouted. "I hate you!" Then she raised up her book and hit Gilbert's head!

❷Mr. Phillips saw Anne hit Gilbert with her book.

"Anne," said Mr. Phillips, "Why did you do that?"

Gilbert spoke up. "It was my fault, Mr. Phillips. I was rude to her. ❸That's why she hit me."

Mr. Phillips was not happy with Anne. "That's no excuse to hit another student," he said. "Anne, go up and stand in front of the class."

Anne stood up in front of the class for the entire afternoon. She looked very angry. "I hate Mr. Phillips," she thought. "And I hate Gilbert Blythe. I'll never look at, or speak to him again!"

The next day, some of the boy students were playing in a field during lunch. They were late for afternoon class.

Anne ran into the class with them, right behind Mr. Phillips.

---

reach over (손을) 뻗다, 뻗치다 **pull** 잡아당기다 **yell** 소리치다 **jump up** 벌떡 일어서다 **horrible** 지독한, 끔찍한 **raise up** 들어 올리다 **speak up** 소리 높여 말하다 (과거형 spoke) **fault** 잘못 **be happy with** (~의 행동)이 마음에 들다 **excuse** 변명, 이유 **in front of** ~ 앞에 **class** 학급, 반 학생들, 수업 **entire** 전체의, 완전한 **look+형용사** ~해 보이다 **field** 운동장, 벌판 **run into** ~로 뛰어 들어오다 **right behind** ~ 바로 뒤에

❶ He reached over and pulled Anne's hair.
그는 손을 뻗어 앤의 머리카락을 잡아당겼다.

reach over는 '(손이나 팔을) 뻗다'라는 의미예요. arm이나 hand를 쓰지 않아도 reach over 자체에 '(손이나 팔을) 뻗다'라는 의미가 담겨 있어요.

✚ He reached over to open the window.
그는 창문을 열기 위해 손을 뻗었다.

❷ Mr. Philips saw Anne hit Gilbert with her book.
필립스 선생님은 앤이 책으로 길버트를 치는 걸 보았다.

〈see+목적어+동사원형〉의 형태로 쓰면 '~가 ~하는 것을 보다'라는 의미입니다. 그 순간에 일어나고 있는 것을 강조하려면 동사원형 자리에 현재분사(-ing)를 쓸 수도 있어요.

✚ I saw her talk with her mom.
나는 그녀가 엄마랑 얘기하는 것을 봤다.

❸ That's why she hit me.
그래서 앤이 저를 때린 거예요.

That's why~는 '그것이 ~한 이유이다', 즉 '그래서 ~한 것이다'라는 뜻이에요. 이 구문은 앞 문장에 대한 결과를 말할 때 씁니다. 참고로 That's because~는 '그것은 ~때문이다'라는 뜻으로 앞 문장에 대한 원인을 말할 때 씁니다.

✚ It rained a lot. That's why I got wet.
비가 많이 왔어. 그래서 내가 젖은 거야.

✚ I like her. That's because she is sweet.
나는 그녀를 좋아해. 그 이유는 그녀가 다정하기 때문이야.

Gilbert was surprised. Usually girls wanted to talk to him.

He reached over and pulled Anne's hair. "Carrots, carrots!" he yelled.

Anne jumped up, and looked at Gilbert.

"What a horrible boy you are!" she shouted. "I hate you!" Then she raised up her book and hit Gilbert's head!

Mr. Phillips saw Anne hit Gilbert with her book.

"Anne," said Mr. Phillips, "Why did you do that?"

Gilbert spoke up. "It was my fault, Mr. Phillips. I was rude to her. That's why she hit me."

Mr. Phillips was not happy with Anne. "That's no excuse to hit another student," he said. "Anne, go up and stand in front of the class."

Anne stood up in front of the class for the entire afternoon. She looked very angry. "I hate Mr. Phillips," she thought. "And I hate Gilbert Blythe. I'll never look at, or speak to him again!"

The next day, some of the boy students were playing in a field during lunch. They were late for afternoon class.

Anne ran into the class with them, right behind Mr. Phillips.

1 I was rude to her.

제가 앤에게 무례했어요.

• **be rude to** ~에게 무례하다

그는 선생님들한테 무례하게 굴어.

_____

힌트 teachers

2 That's no excuse to hit another student.

그건 다른 학생을 때린 이유가 안 돼.

• **That's no excuse to** 그건 ~한 이유[변명]가 안 돼

그건 다른 사람한테 쓰레기를 던진 이유가 안 돼.

_____

힌트 throw trash

3 Anne stood up in front of the class for the entire afternoon.

앤은 오후 내내 반 아이들 앞에 서 있었다.

• **in front of** ~ 앞에

그녀는 사람들 앞에서 발표를 했다.

_____

힌트 gave a presentation

정답 1 He is rude to teachers.
2 That's no excuse to throw trash at someone.
3 She gave a presentation in front of people.

DAY
13

QR 코드로
음성을 들어보세요!

Reading

"You're late," said Mr. Phillips. "You won't sit with Diana today. ❶I see that you enjoy being with the boys. So you'll sit next to Gilbert this afternoon."

"He can't be serious!" she thought. But Mr. Phillips was serious.

"Did you hear me, Anne?" he said.

"Yes, sir," Anne said softly. She picked up her books and moved slowly to the desk next to Gilbert. Then she sat down and put her head on the desk.

"I wasn't the only person who was late." thought Anne.

"❷Why did Mr. Phillips make me sit with a boy? And the worst boy is Gilbert Blythe!"

That afternoon seemed to last forever for Anne. When school was over, Anne went back to her desk. She picked up all her books, pens, and pencils.

"What are you doing?" asked Diana.

"❸I'm not coming back to school," said Anne.

"Oh, no! But Anne, we're going to read a new book! And we'll play a game on Monday. It'll be very exciting!"

But Anne didn't care.

won't (= will not) ~하지 않을 것이다　I see that ~을 알겠다, 보아하니 ~구나　next to ~ 옆에　can't be ~일 리가 없다　serious 진심의, 진지한　pick up 집어 들다, 줍다　seem to ~하는 것 같다　last 지속하다, 계속되다　forever 영원히　be over 끝나다　be going to ~할 예정이다　play a game 게임[놀이]을 하다　exciting 신나는, 재미있는　care 신경 쓰다

086

❶ I see that you enjoy being with the boys.

넌 남자아이들과 함께 있는 것을 좋아하는구나.

I see that은 '보아하니 ~구나'라는 뜻으로 이때 that은 종종 생략되기도 합니다.
이와 비슷한 표현으로 I understand that이 있어요.

✚ I see that you are in love with this actor.

보아하니 너는 이 배우와 사랑에 빠졌구나.

❷ Why did Mr. Philips make me sit with a boy?

왜 필립스 선생님은 나를 남자애 옆에 앉게 한 거지?

〈make+목적어+동사원형〉은 '~가 ~하게 만들다'라는 뜻이에요. 따라서 make me
sit은 '나를 앉게 만들다', 즉 '나를 앉게 하다'라는 의미입니다. 이렇게 남에게 뭔가를
시키는 동사를 '사역동사'라고 하고, 사역동사에는 make, have, let, help 등이
있어요.

✚ She made the students laugh.

그녀는 학생들을 웃게 했다.

❸ I'm not coming back to school.

난 학교에 다시 오지 않을 거야.

〈be동사+-ing〉는 원래 '~하고 있다'라는 뜻의 현재진행형인데 상황에 따라 정해진
미래의 일을 나타내기도 해요. 여기서는 앤이 앞으로 학교에 오지 않을 거라고 이미
마음을 먹었기 때문에 I'm not coming이라는 현재진행형을 쓴 거예요.

✚ I'm not working tomorrow, so I don't have to get up early.

나는 내일 일을 안 해서 일찍 안 일어나도 돼.

"You're late," said Mr. Phillips. "You won't sit with Diana today. I see that you enjoy being with the boys. So you'll sit next to Gilbert this afternoon."

"He can't be serious!" she thought. But Mr. Phillips was serious.

"Did you hear me, Anne?" he said.

"Yes, sir," Anne said softly. She picked up her books and moved slowly to the desk next to Gilbert. Then she sat down and put her head on the desk.

"I wasn't the only person who was late." thought Anne.

"Why did Mr. Phillips make me sit with a boy? And the worst boy is Gilbert Blythe!"

That afternoon seemed to last forever for Anne. When school was over, Anne went back to her desk. She picked up all her books, pens, and pencils.

"What are you doing?" asked Diana.

"I'm not coming back to school," said Anne.

"Oh, no! But Anne, we're going to read a new book! And we'll play a game on Monday. It'll be very exciting!"

But Anne didn't care.

1 He <u>can't be</u> serious!

선생님이 진심일 리가 없어!

• **can't be** ~일 리가 없다

그녀는 무척 어려 보이기 때문에 엄마일 리가 없다.

_____

힌트 a mom, looks so young

2 She <u>picked up</u> her books.

앤은 책을 집어 들었다.

• **pick up** 집어 들다

그는 연필을 집어 들어서 자기 이름을 썼다.

_____

힌트 wrote his name

3 That afternoon seemed to <u>last</u> forever for Anne.

앤에게 그날 오후는 영원히 계속될 것만 같았다.

• **last** 계속하다, 지속되다

영화는 두 시간 동안 계속될 거야.

_____

힌트 (for) two hours

....

정답　1 She can't be a mom because she looks so young.

　　　2 He picked up a pencil and wrote his name.

　　　3 The movie will last (for) two hours.

QR 코드로
음성을 들어보세요!

That evening, Marilla visited Mrs. Lynde.

"Rachel, please give me some advice! Anne says she's not going back to school! What should I say to her?"

Of course, Mrs. Lynde already knew all about Anne's troubles at school.

"Well, Marilla," said Mrs. Lynde, "❶I've raised ten children myself. So I can tell you, 'Don't worry.' Leave Anne alone. She'll want to go back to school soon."

So Marilla did nothing, and Anne stayed at home.

One day, Marilla found Anne crying in the kitchen.

"What's the matter, child?" asked Marilla in surprise.

"I miss Diana very much," sobbed Anne. "I can't live without her, Marilla! But what will happen when she gets married? I hate her husband already! I can imagine her in church with her white dress. She'll leave me then! And I'll never see her again!"

Marilla tried not to laugh, but ❷she couldn't help it. She laughed and laughed. Anne raised her head and stared at Marilla. Suddenly, ❸she felt very foolish.

......

advice 조언, 충고 **already** 이미, 벌써 **trouble** 문제, 말썽 **raise** 기르다, 양육하다 **leave A alone** A를 내버려 두다 **in surprise** 놀라서 **miss** 그리워하다, 보고 싶다 **sob** 흐느껴 울다 **get married** 결혼하다 **cannot help** ~하지 않을 수 없다 (과거형 could) **stare at** ~을 응시하다, 바라보다 **foolish** 바보 같은

❶ I've raised ten children myself.

난 아이들 열 명을 내 손으로 키웠어요.

myself는 주어가 자신이 '직접' 했다고 강조할 때 쓰는 재귀대명사예요. 참고로 by myself는 '(다른 사람 도움 없이) 혼자'라는 뜻이에요.

✚ I made it myself.

내가 그것을 직접 만들었다.

❷ She couldn't help it.

머릴러는 참을 수가 없었다.

can't help it은 '어쩔 수 없다'라는 의미인데, 여기서는 과거의 일이기 때문에 couldn't help it으로 썼어요. 비슷한 표현인 can't help -ing도 '~하지 않을 수 없다'라는 의미예요.

✚ I'm really sorry about that, but I couldn't help it.

그건 정말 미안하지만, 나도 어쩔 수 없었어.

✚ I can't help falling in love.

사랑에 빠지지 않을 수 없어.

❸ She felt very foolish.

그녀는 바보가 된 기분이었다.

〈feel+형용사〉는 '~한 기분이 들다', '~처럼 느껴지다'라는 의미예요. felt는 feel의 과거형입니다.

✚ He felt so good after a shower.

그는 샤워 후에 기분이 아주 좋았다.

That evening, Marilla visited Mrs. Lynde.

"Rachel, please give me some advice! Anne says she's not going back to school! What should I say to her?"

Of course, Mrs. Lynde already knew all about Anne's troubles at school.

"Well, Marilla," said Mrs. Lynde, "I've raised ten children myself. So I can tell you, 'Don't worry.' Leave Anne alone. She'll want to go back to school soon."

So Marilla did nothing, and Anne stayed at home.

One day, Marilla found Anne crying in the kitchen.

"What's the matter, child?" asked Marilla in surprise.

"I miss Diana very much," sobbed Anne. "I can't live without her, Marilla! But what will happen when she gets married? I hate her husband already! I can imagine her in church with her white dress. She'll leave me then! And I'll never see her again!"

Marilla tried not to laugh, but she couldn't help it. She laughed and laughed. Anne raised her head and stared at Marilla. Suddenly, she felt very foolish.

◆ **Writing**

1 Please <u>give me some advice</u>!

저에게 조언 좀 해 주세요!

• **give A B** A에게 B를 주다

네 누나에게 그 선물을 주렴.

_____

힌트 the present

2 <u>What should I</u> say to her?

그 아이한테 뭐라고 해야 하나요?

• **What should I ~?** 내가 뭘 ~해야 할까?

내가 저녁으로 뭘 먹어야 할까요?

_____

힌트 have for dinner

3 Marilla <u>found</u> Anne <u>crying</u> in the kitchen.

머릴러는 앤이 부엌에서 울고 있는 것을 발견했다.

• **find + 목적어 + -ing** ~가 ~하고 있는 것을 발견하다

나는 그가 교실의 중앙에 서 있는 것을 발견했다.

_____

힌트 standing, in the middle of

· ·

정답 1 Give your sister the present.

2 What should I have for dinner?

3 I found him standing in the middle of the classroom.

DAY

15

QR 코드로
음성을 들어보세요!

The next day, Anne went back to school. All the children were very happy to see her again, especially Diana.

However, Anne did not speak to Gilbert Blythe. ❶She was still mad at him, and she thought she would never forgive him.

CHAPTER FOUR

Anne's Mistakes

One day, Marilla announced, "❷I'll ask the new vicar, Mr. Allan and his wife to my tea party on Wednesday."

Anne was very excited.

"Mrs. Allan is beautiful, and she has a sweet smile! I'd like to make a cake for her. Can I, please?"

"All right, you can make a cake for her," said Marilla.

Wednesday finally came, and ❸everyone was sitting around having tea. Marilla had made many small cakes to go with Anne's special cake.

---

especially 특히 **still** 여전히, 아직도 **be mad at** ~에게 화나다 **announce** 알리다, 발표하다 **ask A to B** A를 B에 초대하다 **vicar** 목사 **tea party** 다과 모임 **go with** ~과 어울리다

❶ She was still mad at him...

앤은 아직도 그에게 화가 나 있었다.

mad는 angry와 비슷한 표현으로 '화가 난'이라는 의미예요. be mad at이라고
하면 '~에게 화가 나다'라는 뜻이고 still이 들어가면 '아직도 화가 나 있다'라는 뜻이
됩니다.

+ I had a big fight with him, and he is still mad at me.

나는 그와 크게 싸웠는데, 그는 아직도 나한테 화가 나 있다.

❷ I'll ask the new vicar, Mr. Allan and his wife to my tea party...

새로 온 앨런 목사와 그분의 아내를 다과회에 초대할 거란다.

ask에는 '묻다, 부탁하다' 외에 '초대하다, 청하다'라는 뜻이 있어요. 따라서 ask A to
B라고 하면 'A를 B에 초대하다[청하다]'라는 뜻이 됩니다.

+ He asked me to dinner next week.

그는 나를 다음 주 저녁식사에 초대했다.

❸ Everyone was sitting around having tea.

모두 둘러앉아 차를 마시고 있었다.

having tea는 분사구문으로 '차를 마시면서'라는 뜻이에요. 원래는 while they were
having tea인데 while they were를 생략하고 간단하게 having tea라고 쓴 거예요.

+ She looked at me, listening to music.

그녀는 음악을 들으면서 나를 쳐다봤다.

The next day, Anne went back to school. All the children were very happy to see her again, especially Diana.

However, Anne did not speak to Gilbert Blythe. She was still mad at him, and she thought she would never forgive him.

CHAPTER FOUR
Anne's Mistakes

One day, Marilla announced, "I'll ask the new vicar, Mr. Allan and his wife to my tea party on Wednesday."

Anne was very excited.

"Mrs. Allan is beautiful, and she has a sweet smile! I'd like to make a cake for her. Can I, please?"

"All right, you can make a cake for her," said Marilla.

Wednesday finally came, and everyone was sitting around having tea. Marilla had made many small cakes to go with Anne's special cake.

1 All the children <u>were very happy to</u> see her again.

앤을 다시 보자 아이들은 모두 무척 기뻐했다.

• **be very happy to** ~해서 매우 기쁘다

당신한테서 소식을 듣게 되어 아주 기쁩니다.

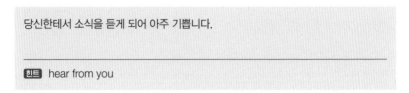

힌트 hear from you

2 She <u>thought</u> she would never forgive him.

그녀는 그를 절대 용서하지 않겠다고 생각했다.

• **thought (that)** ~라고 생각했다

그녀는 그가 곧 끝낼 거라고 생각했다.

힌트 finish, soon

3 I'd like to <u>make</u> a cake <u>for</u> her.

제가 사모님을 위해 케이크를 만들고 싶어요.

• **make A for B** B를 위해 A를 만들다

엄마를 위해 뭔가를 만들 거야?

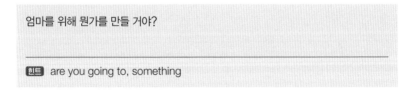

힌트 are you going to, something

....

정답   1 I am very happy to hear from you.
　　　 2 She thought he would finish soon.
　　　 3 Are you going to make something for mom?

QR 코드로
음성을 들어보세요!

"These are very good cakes, Mrs. Cuthbert," said Mrs. Allan.

"❶It was my pleasure," said Marilla. "But I didn't make all of them. Here, try this one. Anne made it especially for you."

Mrs. Allan took the cake and ate some. ❷Suddenly, there was a strange look on her face.

"Is anything wrong?" asked Marilla. Quickly she ate a piece of Anne's cake.

"Oh no, Anne! What did you put in this cake?"

❸Anne's face turned red.

"What's the matter... don't you like it?" asked Anne.

"Like it? It's horrible!" Marilla said. "Don't eat anymore, Mrs. Allan! Anne, you put my medicine in this cake!"

"Oh, I didn't know!" said Anne. "It was white, and in a bottle! I thought it was milk!"

Anne felt tears in her eyes, and she ran upstairs to her bed. She did not come down to say goodbye to the Allans. After everyone left, Marilla came up to Anne's room.

---

pleasure 기쁨   **try** 시도하다, 먹어 보다   **look** 표정, 얼굴빛   **a piece of** ~ 한 조각   **turn red** 빨개지다
anymore 더 이상은   **medicine** 약   **bottle** 병   **tears** 눈물

❶ It was my pleasure.
저도 만들면서 즐거웠어요.

상대방이 고맙다고 할 때 '별말씀을요, 제가 좋아서 한 건데요.'와 같이 공손하게
대답할 때 쓸 수 있는 표현이에요. My pleasure. 혹은 It is my pleasure.라고 해도
됩니다.

✛ A: Thank you for helping me today. 오늘 도와주셔서 감사합니다.
   B: My pleasure. 별말씀을요.

❷ Suddenly, there was a strange look on her face.
갑자기 그녀의 얼굴 표정이 이상해졌다.

look에는 눈과 얼굴에 나타나는 '표정'이라는 뜻이 있어요. look on one's face는
'얼굴에 나타나는 표정'을 뜻하고, look in one's eyes는 '눈에 담긴 표정'을 뜻해요.
비슷한 표현으로 expression(표정)도 있어요.

✛ I'll never forget the look on her face.
  나는 그녀의 표정을 절대 잊지 못할 거야.

❸ Anne's face turned red.
앤의 얼굴이 빨개졌다.

turn 뒤에 형용사가 오면 '~한 상태로 변하다'라는 의미가 됩니다. 따라서 turn red는
'빨개지다'라는 뜻이에요. 이는 go red라고 표현하기도 합니다.

✛ His eyes turned red when he was mad.
  화가 나자 그의 눈이 빨개졌다.

"These are very good cakes, Mrs. Cuthbert," said Mrs. Allan.

"It was my pleasure," said Marilla. "But I didn't make all of them. Here, try this one. Anne made it especially for you."

Mrs. Allan took the cake and ate some. Suddenly, there was a strange look on her face.

"Is anything wrong?" asked Marilla. Quickly she ate a piece of Anne's cake.

"Oh no, Anne! What did you put in this cake?"

Anne's face turned red.

"What's the matter... don't you like it?" asked Anne.

"Like it? It's horrible!" Marilla said. "Don't eat anymore, Mrs. Allan! Anne, you put my medicine in this cake!"

"Oh, I didn't know!" said Anne. "It was white, and in a bottle! I thought it was milk!"

Anne felt tears in her eyes, and she ran upstairs to her bed. She did not come down to say goodbye to the Allans. After everyone left, Marilla came up to Anne's room.

1 Is <u>anything wrong</u>?

뭐가 잘못되었나요?

• **anything + 형용사** (의문문이나 조건문에서) ~한 뭔가

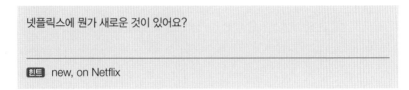

넷플릭스에 뭔가 새로운 것이 있어요?

_____

힌트 new, on Netflix

2 Don't eat <u>anymore</u>, Mrs. Allan!

더 드시지 마세요, 앨런 부인!

• **not ~ anymore** 더 이상 ~하지 않는

내 일을 더 이상 견딜 수가 없다.

_____

힌트 stand my job

3 She <u>ran upstairs</u> to her bed.

앤은 2층 자기 침대로 뛰어 올라갔다.

• **run upstairs/downstairs** 위층으로/아래층으로 뛰어가다

그는 아래층 자기 방으로 뛰어 내려갔다.

_____

힌트 his room

....

정답 1 Is there anything new on Netfilx?

　　　2 I can't stand my job anymore.

　　　3 He ran downstairs to his room.

DAY
17

QR 코드로
음성을 들어보세요!

"Oh, Marilla," cried Anne. "I'm so embarrassed!"

Marilla smiled, and wiped the tears from Anne's face.

"Mrs. Allan wasn't angry," said Marilla. "❶She said it was very kind of you to make her a cake!"

Anne stopped crying.

"Oh, ❷she's forgiven me, hasn't she? She's so nice!"

Then Anne frowned.

"Why do I always make mistakes like this?"

"Oh, you'll make plenty more mistakes," said Marilla with a smile. "❸You're very good at making mistakes!"

One April evening, Marilla came home late after visiting friends. She went upstairs to see Anne.

"Don't look at me, Marilla!" Anne cried. "I know I'm bad. I know I am!"

"What's the matter?" asked Marilla.

"Oh, Marilla, I just want to die!" sobbed Anne. "Look at my hair!"

Then Marilla noticed that Anne's red hair was now a horrible dark green!

---

embarrassed 창피한, 당황스러운 **wipe** 닦다 **frown** 얼굴을 찡그리다, 눈살을 찌푸리다 **plenty more** 더 많은 **be good at** ~을 잘하다 **die** 죽다 **notice** 알아차리다 **dark green** 암녹색

❶ She said <u>it was very kind of you to</u> make her a cake!

네가 자기한테 케이크를 만들어 줘서 정말 고맙다고 하셨단다!

it is very kind of you to~는 '~하다니 넌 참 친절하구나[착하구나/고맙구나]'라는 뜻으로 상대방의 행동을 칭찬하거나 고마워할 때 사용하는 표현이에요.

✚ <u>It is very kind of you to</u> invite me.

저를 초대해 주시다니 정말 친절하세요.

❷ She's forgiven me, <u>hasn't she?</u>

그분이 저를 용서해 주셨군요. 그렇죠?

hasn't she?처럼 문장 끝에 붙는 짧은 의문문을 '부가의문문'이라고 해요. 자기가 한 말의 확인이나 동의를 구하기 위해 사용해요. 앞 문장이 긍정문이면 부가의문문을 부정형으로, 앞 문장이 부정문이면 부가의문문을 긍정형으로 씁니다. 여기서는 앞문장이 has forgiven을 쓴 긍정문이므로 뒤에 hasn't she라는 부정형이 붙었어요.

✚ He doesn't have any hobbies, <u>does he?</u>

그는 취미가 아무것도 없지요. 그렇죠?

❸ You're very good at making mistakes!

넌 원래 사고 치는 데 선수잖니!

be good at은 '~을 잘하다', '~에 소질 있다'라는 의미로 여기서는 앤이 실수를 잘 저지른다는 뜻으로 썼어요. 반대로 '~을 잘 못하다'는 be bad at을 쓰면 됩니다. at 다음에는 명사나 동명사(-ing) 형태가 옵니다.

✚ Parrots <u>are good at</u> mimicking human sounds.

앵무새는 사람 소리를 잘 흉내 낸다.

"Oh, Marilla," cried Anne. "I'm so embarrassed!"

Marilla smiled, and wiped the tears from Anne's face.

"Mrs. Allan wasn't angry," said Marilla. "She said it was very kind of you to make her a cake!"

Anne stopped crying.

"Oh, she's forgiven me, hasn't she? She's so nice!"

Then Anne frowned.

"Why do I always make mistakes like this?"

"Oh, you'll make plenty more mistakes," said Marilla with a smile. "You're very good at making mistakes!"

One April evening, Marilla came home late after visiting friends. She went upstairs to see Anne.

"Don't look at me, Marilla!" Anne cried. "I know I'm bad. I know I am!"

"What's the matter?" asked Marilla.

"Oh, Marilla, I just want to die!" sobbed Anne. "Look at my hair!"

Then Marilla noticed that Anne's red hair was now a horrible dark green!

◆ Writing

1 <u>Why do I always</u> make mistakes like this?

저는 왜 항상 이런 실수를 하는 걸까요?

• **Why do I always~?** 난 왜 항상 ~할까?

저는 왜 항상 한밤중에 깨는 걸까요?

힌트 wake up, in the middle of the night

2 You'll make <u>plenty more</u> mistakes.

넌 더 많은 실수를 할 거야.

• **plenty more** 더 많은

바다에는 더 많은 물고기들이 있다. (기회는 더 많이 있다.)

힌트 there are, fish

3 <u>I know</u> I'm bad. <u>I know</u> I am!

제가 잘못한 거 알아요. 저도 안다고요!

• **I know 주어 + 동사** 나는 ~라는 것을 알고 있다

나도 내가 그한테 너무 심하게 군 거 알아.

힌트 was too hard on

. . . .

정답   1   Why do I always wake up in the middle of the night?

2   There are plenty more fish in the sea.

3   I know I was too hard on him.

QR 코드로
음성을 들어보세요!

"Oh, Anne!" yelled Marilla. "What have you done now?"

❶Anne explained as she tried not to cry. "I bought a bottle of something from a man who came to the door. He said it would change my hair from red to black! Oh, it was stupid of me to believe him!"

Marilla washed Anne's hair again and again, but it was still green. Anne stayed at home for a whole week. She didn't see anybody except Marilla and Matthew. At the end of the week, Marilla finally said, "I'm sorry, Anne, but you can't stay home forever. And you can't go to school with green hair. ❷We'll have to cut it all off."

"I guess you're right," said Anne sadly. "Maybe this will teach me not to think about being beautiful."

The next day at school, everyone was surprised to see Anne's hair so short. They asked what happened, but Anne didn't say anything.

In just a few weeks, Anne started growing some new, darker red curls. ❸This made Anne happy.

---

explain 설명하다 **stupid** 어리석은 **believe** 믿다 **again and again** 몇 번이고, 되풀이하여 **whole** (시간, 거리 등) 꼬박 **except** ~을 제외하고 **cut off** 잘라 내다 **guess** 생각하다, 추측하다 **maybe** 아마도, 어쩌면 **in** (시간이) ~ 후에 **curl** 곱슬곱슬한 머리카락

❶ Anne explained as she <u>tried not to</u> cry.

앤은 울지 않으려고 애쓰며 설명했다.

try to는 '~하려고 하다[애쓰다]'라는 뜻이고, try not to는 '~하지 않으려고 하다 [애쓰다]'라는 뜻이에요. 비슷하게 생긴 don't try to는 '~하려고 시도하지[애쓰지] 않다'라는 전혀 다른 뜻이랍니다.

╋ I <u>tried not to</u> laugh, but I couldn't.

나는 웃지 않으려고 했지만 그럴 수가 없었다.

❷ We'll have to <u>cut</u> it all <u>off</u>.

머리를 모두 잘라야겠다.

off는 본체에서 분리된다는 의미가 있습니다. 따라서 cut off는 '~을 잘라 내다'라는 뜻으로, 여기서 cut it all off는 '앤의 머리를 모두 잘라 내다'라는 의미가 됩니다. 한편 cut out은 '뭔가를 만들기 위해 자른다'는 뜻이에요. 예를 들어 cut a star out이라고 하면 '별 모양을 자르다'라는 의미입니다.

╋ First, <u>cut</u> the fat <u>off</u> the pork.

먼저 돼지고기에서 비계를 잘라 내세요.

❸ This <u>made</u> Anne <u>happy</u>.

(이것 때문에) 앤은 무척 기뻤다.

〈make+목적어+형용사〉는 '~가 ~하게 만들다'라는 뜻이에요. 위 문장을 직역하면 '이것은 앤을 행복하게 만들었다.'이므로 결국 '앤은 이것 때문에 무척 기뻤다.'라는 뜻이 됩니다.

╋ It really <u>made</u> me <u>angry</u>.

그것은 나를 정말 화나게 했다. (그것 때문에 나는 정말 화가 났다.)

"Oh, Anne!" yelled Marilla. "What have you done now?"

Anne explained as she tried not to cry. "I bought a bottle of something from a man who came to the door. He said it would change my hair from red to black! Oh, it was stupid of me to believe him!"

Marilla washed Anne's hair again and again, but it was still green. Anne stayed at home for a whole week. She didn't see anybody except Marilla and Matthew. At the end of the week, Marilla finally said, "I'm sorry, Anne, but you can't stay home forever. And you can't go to school with green hair. We'll have to cut it all off."

"I guess you're right," said Anne sadly. "Maybe this will teach me not to think about being beautiful."

The next day at school, everyone was surprised to see Anne's hair so short. They asked what happened, but Anne didn't say anything.

In just a few weeks, Anne started growing some new, darker red curls. This made Anne happy.

1 He said it would <u>change</u> my hair <u>from</u> red <u>to</u> black!

그 아저씨는 그게 제 머리를 빨간색에서 검은색으로 바꿔 줄 거라고 했어요!

• change + 목적어 + from A to B ~을 A에서 B로 바꾸다

당신의 인생을 빈손에서 영웅으로 바꾸고 싶으신가요?

ﾠ

힌트 your life, zero, hero

2 <u>It was stupid of me to</u> believe him!

그 아저씨를 믿은 제가 어리석었어요!

• It is stupid of A to ~하다니 A는 어리석다

그를 믿다니 너도 참 어리석구나.

ﾠ

힌트 believe

3 Anne stayed at home for a <u>whole</u> week.

앤은 일주일 내내 집에 있었다.

• whole (시간, 거리 등) 꼬박

나는 그것을 끝까지 읽는 데 주말을 꼬박 보냈다.

ﾠ

힌트 spent, weekend, to the end

정답 1 Do you want to change your life from zero to hero?
  2 It is very stupid of you to believe him.
  3 I spent the whole weekend reading it to the end.

QR 코드로
음성을 들어보세요!

That summer, Anne and her friends played by the river. They found an old boat there. Anne had an idea.

"Let's imagine that I am a prisoner, and I'm escaping from prison by boat." Anne told her friends. "I'll hide in the boat, and ❶the river will carry it down to the bridge. You pretend to be my family, and wait by the bridge."

The other girls agreed, so Anne got on the boat. Then they pushed the boat into the river. Anne was very excited about being a prisoner.

Suddenly, however, she felt wet. There was water in the bottom of the boat! Water was coming into the boat, and it was sinking! Anne looked around quickly. She saw some trees by the river. She jumped up and caught a branch. Anne's friends were waiting on the bridge. They saw the boat come around the corner and sink. They were afraid because they did not see Anne.

"Anne's drowned!" they screamed.

❷The girls ran to the village to get help. Poor Anne was in trouble. ❸She was hanging by her arms from a branch over the river.

prisoner 죄수 escape from ~에서 도망치다, 탈출하다 prison 감옥 carry down 아래로 나르다 bridge 다리 pretend ~인 체하다 get on ~에 올라타다 (과거형 got) push 밀다 bottom 바닥 sink 가라앉다 look around 주위를 둘러보다 catch 잡다 (과거형 caught) branch 나뭇가지 around the corner 모퉁이 를 돌아 drown 물에 빠지다, 익사하다 scream 비명을 지르다 be in trouble 곤경에 빠지다 hang 매달리다

❶ **The river will carry it down to the bridge.**
강물을 타고 배가 다리 쪽으로 갈 거야.

직역하면 '강물이 배를 다리 쪽으로 실어 나를 거야.'라는 뜻이에요. 이렇게 사물이
주어로 오는 것이 영어식 표현의 특징 중 하나입니다. 사물 주어로 더 간결하고
인상적인 문장을 만들 수 있어요.

✚ **News gives us information.**
우리는 뉴스로부터 정보를 얻는다.

❷ **The girls ran to the village to get help.**
여자아이들은 도움을 청하러 마을로 달려갔다.

to부정사(to+동사원형)는 '~하기 위해서'라는 부사적 의미로 쓰이기도 합니다.
여기서 to get help는 '도움을 받기 위해서'라는 뜻으로 쓰였어요.

✚ **We need to talk more to understand each other.**
우리는 서로 이해하기 위해서 대화를 더 많이 할 필요가 있다.

❸ **She was hanging by her arms from a branch over the river.**
그녀는 강 위로 뻗은 나뭇가지에 팔로 매달려 있었다.

전치사 by는 '~으로'라는 뜻이 있어서 방법이나 수단을 나타낼 때 자주 사용합니다.
by her arms는 '그녀의 팔로'라는 뜻이고, by bus는 '버스로', by gas는 '가스로'
라는 뜻이에요.

✚ **She went to the hospital by taxi.**
그녀는 택시로 병원에 갔다.

That summer, Anne and her friends played by the river. They found an old boat there. Anne had an idea.

"Let's imagine that I am a prisoner, and I'm escaping from prison by boat." Anne told her friends. "I'll hide in the boat, and the river will carry it down to the bridge. You pretend to be my family, and wait by the bridge."

The other girls agreed, so Anne got on the boat. Then they pushed the boat into the river. Anne was very excited about being a prisoner.

Suddenly, however, she felt wet. There was water in the bottom of the boat! Water was coming into the boat, and it was sinking! Anne looked around quickly. She saw some trees by the river. She jumped up and caught a branch. Anne's friends were waiting on the bridge. They saw the boat come around the corner and sink. They were afraid because they did not see Anne.

"Anne's drowned!" they screamed.

The girls ran to the village to get help. Poor Anne was in trouble. She was hanging by her arms from a branch over the river.

Writing

1 I'm escaping from prison by boat.

나는 배를 타고 감옥을 탈출하고 있어.

• **escape from** ~에서 탈출하다, 달아나다

> 나는 현실에서 도망가고 싶다.
>
> _____
>
> **힌트** reality

2 You pretend to be my family.

너희는 내 가족인 척해.

• **pretend** ~인 척하다

> 우리 서로 모르는 척하자.
>
> _____
>
> **힌트** know each other

3 Anne got on the boat.

앤은 배에 올라탔다.

• **get on** ~에 타다

> 나는 비행기를 타고 잠을 자려고 애썼다.
>
> _____
>
> **힌트** tried to sleep

....

정답 1 I want to escape from reality.
2 Let's pretend we don't know each other.
3 I got on the plane and tried to sleep.

DAY
20

QR 코드로
음성을 들어보세요!

"❶I've got you!"

Suddenly, she heard a familiar voice. Anne saw Gilbert Blythe in his boat. ❷Quickly, he helped Anne into the boat. When they arrived at the bridge, ❸Anne got out of the boat and turned away.

"Thank you," she said coldly.

"Anne," he said quickly. "I'm sorry I called you "carrots." It was a long time ago. I think your hair is really nice now. Can we forget it and be friends?"

For a second, Anne wanted to say yes. Suddenly she remembered standing in front of the class because of Gilbert.

"No," she replied coldly. "I can never be your friend, Gilbert Blythe!"

Gilbert got angry. "All right, then!" he said. "I'll never ask you again, Anne Shirley!"

Anne walked home proudly, but she felt strangely sad, and wanted to cry.

---

familiar 익숙한, 친숙한 **get out of** ~에서 내리다, 나오다 **turn away** 등 돌리다, 외면하다 **coldly** 차갑게, 쌀쌀맞게 **a long time ago** 오래전 **for a second** 잠시, 잠깐 **proudly** 거만하게, 당당히 **strangely** 이상하게도, 묘하게

❶ I've got you!
찾았다!

I've got you!는 '찾았다'뿐만 아니라 '잡았다', '알았다' 등의 의미로도 쓰여요.
구어체에서는 I got you.도 많이 씁니다.

✛ I've got you. Now I won't let you go.
찾았다. 이제 너를 놓아 주지 않을 거야.

❷ Quickly, he helped Anne into the boat.
그는 얼른 앤이 배에 타도록 도와주었다.

help A into B는 'A가 B에 들어가도록 돕다'라는 의미입니다.

✛ He helped the old man into the emergency room.
그는 노인이 응급실에 들어가는 것을 도왔다.

❸ Anne got out of the boat and turned away.
앤은 배에서 내리며 등을 돌렸다.

get은 탈 것에 타고 내리는 것을 묘사할 때도 쓰여요. 특히 크기가 큰 버스, 기차,
비행기를 타거나 배, 말, 자전거 등에 타는 것에는 get on을 쓰고, 반대로 내리는
것에는 get out of나 get off를 씁니다.

✛ The weather was so nice when I got out of the car.
내가 차에서 내릴 때 날씨가 너무 좋았다.

"I've got you!"

Suddenly, she heard a familiar voice. Anne saw Gilbert Blythe in his boat. Quickly, he helped Anne into the boat. When they arrived at the bridge, Anne got out of the boat and turned away.

"Thank you," she said coldly.

"Anne," he said quickly. "I'm sorry I called you "carrots." It was a long time ago. I think your hair is really nice now. Can we forget it and be friends?"

For a second, Anne wanted to say yes. Suddenly she remembered standing in front of the class because of Gilbert.

"No," she replied coldly. "I can never be your friend, Gilbert Blythe!"

Gilbert got angry. "All right, then!" he said. "I'll never ask you again, Anne Shirley!"

Anne walked home proudly, but she felt strangely sad, and wanted to cry.

1 <u>I'm sorry</u> I called you "carrots."

너를 '당근'이라고 불러서 미안해.

• **I'm sorry (that)** ~해서 미안해

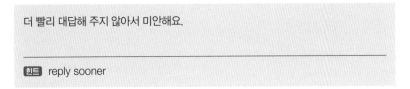

더 빨리 대답해 주지 않아서 미안해요.

_____

힌트 reply sooner

2 <u>Can we</u> forget it and be friends?

우리 그 일은 잊어버리고 친구가 될 수 있을까?

• **Can we + 동사원형?** 우리 ~할 수 있을까?

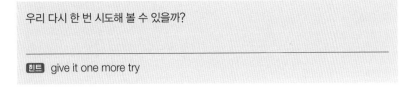

우리 다시 한 번 시도해 볼 수 있을까?

_____

힌트 give it one more try

3 <u>I'll never</u> ask you again!

다시는 너한테 묻지 않을 거야!

• **I'll never** 나는 절대 ~하지 않을 거야

나는 너를 절대 용서하지 않을 거야.

_____

힌트 forgive

....

정답   1   I am sorry I didn't reply sooner.
         2   Can we give it one more try?
         3   I'll never forgive you.

QR 코드로
음성을 들어보세요!

CHAPTER FIVE
You Did It!

One day, Marilla told Anne that Miss Stacey, a new teacher, had come to Green Gables.

"Anne, she thinks you are doing well in school. If you study well, you can pass the examination for Queen's College in Charlottetown. Then, after a year at the college, you can become a teacher!"

Anne was very happy. "Oh, ❶I'd love to be a teacher!" So in the afternoons, Anne and some of her friends stayed late at school. ❷Miss Stacey helped them prepare for the exam. Diana didn't want to go to Queen's college, so she went home early.

However, Gilbert stayed at school with Anne. He and Anne did not speak to each other. Everyone knew that they were enemies. Both of them wanted to get the highest score on the exam. ❸Secretly Anne wished that she and Gilbert were friends, but it was too late now.

---

do well 잘하다 **pass** (시험에) 붙다, 통과하다 **examination** 시험 (= exam) **college** 대학교 **stay** 계속 있다[남다] **prepare for** ~을 준비하다 **each other** 서로 **enemy** 적, 경쟁 상대 **score** 점수 **secretly** 비밀로, 남모르게 **wish** (가능성이 낮거나 불가능한 일을) 바라다

❶ I'd love to be a teacher!

선생님이 꼭 되고 싶어요!

I'd love to는 I would love to의 줄임말로 '정말 ~하고 싶다'라는 뜻이에요. I want to가 '~하고 싶다'라는 직설적인 의지를 표현한다면 I'd love to는 '(가능하다면) 정말 ~하고 싶다'라는 바람을 표현합니다.

✚ **I'd love to come and see you again.**

꼭 다시 와서 당신을 보고 싶어요.

❷ Miss Stacey helped them prepare for the exam.

스테이시 선생님은 그들이 시험 준비하는 것을 도와주었다.

prepare for는 '~을 준비하다'라는 뜻으로 어떤 일을 미리 대비할 때 쓰는 표현이에요. 만약 prepare the exam이라고 하면 '시험 자체를 준비하다', 즉 '시험을 출제하다'라는 의미가 됩니다.

✚ **Prepare for the worst and strive for the best.**

최악의 상황을 대비하고 최선을 다해 노력하세요.

❸ Secretly Anne wished that she and Gilbert were friends...

앤은 남 몰래 자기와 길버트가 친구이길 바랐다.

wish는 '바라다'라는 의미인데, 현실에서 일어날 가능성이 거의 없거나 불가능한 일을 가정하여 말할 때 사용해요. 반면 hope는 현실에서 일어날 만한 일을 바랄 때 씁니다.

✚ **I wish he were here.**

나는 그가 여기에 있었으면 좋겠어. (실현 가능성이 낮을 때)

✚ **I hope I will see you again soon.**

곧 다시 만나면 좋겠어요. (실현 가능성이 있을 때)

You Did It!

One day, Marilla told Anne that Miss Stacey, a new teacher, had come to Green Gables.

"Anne, she thinks you are doing well in school. If you study well, you can pass the examination for Queen's College in Charlottetown. Then, after a year at the college, you can become a teacher!"

Anne was very happy. "Oh, I'd love to be a teacher!" So in the afternoons, Anne and some of her friends stayed late at school. Miss Stacey helped them prepare for the exam. Diana didn't want to go to Queen's college, so she went home early.

However, Gilbert stayed at school with Anne. He and Anne did not speak to each other. Everyone knew that they were enemies. Both of them wanted to get the highest score on the exam. Secretly Anne wished that she and Gilbert were friends, but it was too late now.

1 She thinks you are <u>doing well</u> in school.

선생님은 네가 학교 생활을 잘하고 있다고 생각하시더구나.

• **do well** 잘하다, 성공하다

우리 투자는 잘되고 있지 않다.

―――――――――――――――――――――――

힌트 our investments

2 Miss Stacey <u>helped</u> them <u>prepare</u> for the exam.

스테이시 선생님은 그들이 시험 준비하는 것을 도와주었다.

• **help + 목적어 + 동사원형** ~가 ~하는 것을 도와주다

그녀는 그가 재킷을 입는 것을 도와줬다.

―――――――――――――――――――――――

힌트 put on his jacket

3 He and Anne did not speak to <u>each other</u>.

그와 앤은 서로 얘기하지 않았다.

• **each other** 서로

그들은 서로 존중해.

―――――――――――――――――――――――

힌트 respect

....

정답 1 Our investments are not doing well.
2 She helped him put on his jacket.
3 They respect each other.

DAY
22

QR 코드로
음성을 들어보세요!

One day, Mrs. Lynde visited Marilla.

"Your Anne is a big girl now," said Mrs. Lynde. "She's taller than you!"

"You're right, Rachel," said Marilla.

"Well, ❶she certainly has grown into a nice young woman," said Mrs. Lynde. "Those beautiful gray eyes, and that red-brown hair! You've looked after her very well."

"Well, thank you," said Marilla.

❷Marilla was very pleased and proud.

Later, that evening, ❸Matthew found Marilla crying quietly in the kitchen.

"Marilla, what happened?" asked Matthew.

"Nothing happened," said Marilla. "I'm just thinking that I will miss Anne when she goes away."

Matthew was surprised.

"You mean when she goes to college? Don't be sad, Marilla. She'll be back on the weekends and for holidays."

"I'll still miss her," said Marilla sadly.

---

a big girl 다 큰 처녀, 아가씨 **certainly** 확실히, 정말로 **grow into** ~으로 자라다, 크다 **gray** 회색(의) **red-brown** 적갈색의 **pleased** 기쁜, 만족스러운 **proud** 자랑스러운 **go away** 멀리 떠나다 **be back** 돌아오다

❶ She certainly has <u>grown into</u> a nice young woman.

저 애는 확실히 훌륭한 아가씨로 자랐어요.

grow into는 '자라서 ~이 되다'라는 의미예요. grow into a man/woman은 '자라서 어른이 되다'라는 뜻이고, grow into tasty carrots는 '자라서 맛있는 당근이 되다'라는 뜻이에요.

+ The sisters all <u>grew into</u> beautiful women.
그 자매들은 모두 자라서 아름다운 여성이 되었다.

❷ Marilla was very pleased and <u>proud</u>.

머릴러는 매우 기쁘고 자랑스러웠다.

위 문장에서 proud는 '자랑스러워하는'이라는 긍정적인 의미로 쓰였어요. 한편 proud는 맥락에 따라 '오만한, 거만한'이라는 부정적인 의미로도 쓰입니다.

+ He is very <u>proud</u> of his accomplishment.
그는 자신의 성과를 매우 자랑스러워한다.

+ She was too <u>proud</u> to learn.
그녀는 너무 오만해서 배우지 못했다.

❸ Matthew <u>found</u> Marilla <u>crying</u> quietly in the kitchen.

매슈는 머릴러가 부엌에서 조용히 울고 있는 것을 발견했다.

find는 see와 같은 지각동사로 〈find+목적어+-ing〉는 '~가 ~하고 있는 것을 발견하다'라는 뜻이에요. 'find+목적어' 뒤에는 동사원형과 -ing형이 모두 올 수 있는데, 그 순간에 일어나고 있는 것을 강조할 때는 -ing형을 씁니다.

+ I <u>found</u> him <u>standing</u> in front of the bar.
나는 그가 술집 앞에 서 있는 것을 발견했다.

One day, Mrs. Lynde visited Marilla.

"Your Anne is a big girl now," said Mrs. Lynde. "She's taller than you!"

"You're right, Rachel," said Marilla.

"Well, she certainly has grown into a nice young woman," said Mrs. Lynde. "Those beautiful gray eyes, and that red-brown hair! You've looked after her very well."

"Well, thank you," said Marilla.

Marilla was very pleased and proud.

Later, that evening, Matthew found Marilla crying quietly in the kitchen.

"Marilla, what happened?" asked Matthew.

"Nothing happened," said Marilla. "I'm just thinking that I will miss Anne when she goes away."

Matthew was surprised.

"You mean when she goes to college? Don't be sad, Marilla. She'll be back on the weekends and for holidays."

"I'll still miss her," said Marilla sadly.

1 She's <u>taller than</u> you!

그 애는 당신보다 키가 더 크네요!

• 형용사 + -er than ~보다 더 ~한

우리 집은 너희 집보다 더 작아.

_____

힌트 smaller, yours

2 <u>You mean</u> when she goes to college?

그 애가 대학에 다닐 때 말이냐?

• You mean ~? ~라는 말이야?

제가 이것을 해야 한다는 말인가요?

_____

힌트 have to

3 She'll be back <u>on the weekends</u> and for holiday.

그 애는 주말과 휴일에는 집에 올 거야.

• on the weekends 주말에, 주말마다

나는 주말마다 캠핑 가는 걸 좋아한다.

_____

힌트 like, go camping

....

정답   1 Our house is smaller than yours.
          2 You mean I have to do this?
          3 I like to go camping on the weekends.

DAY
23

QR 코드로
음성을 들어보세요!

The time passed quickly. On a warm summer day in early June, Anne took the exam. That afternoon, Anne returned to Green Gables. She was still nervous.

"Oh, I hope I did well," she said. "The exams were very difficult! And ❶I have to wait for three weeks before I know!"

Diana was the first to hear the news. She ran into the kitchen at Green Gables, waving a newspaper.

"Look, Anne!" she shouted. "You came in first! And Gilbert passed, too!"

Anne took the paper with shaking hands. She saw her name on top of a list of two hundred students. For the first time in her life, she could not speak.

"Well, now, I knew you would do it," said Matthew with a warm smile.

"You've done well, Anne," said Marilla.

They were very pleased.

For the next three weeks, Anne and Marilla were very busy. ❷Anne needed new dresses to wear to college. The evening before she left, ❸Anne put on one of the dresses to show Matthew.

---

pass (시간이) 지나다, 흐르다 **return to** ~로 돌아오다 **wave** 흔들다 **come in first** 일등이 되다 **shake** 떨리다 **on top of** ~의 맨 위에 **list** 명단, 목록 **for the first time** 처음으로 **dress** 옷, 드레스 **put on** (옷을) 입다 **show** 보여 주다, 보이다

❶ I have to wait for three weeks <u>before</u> I know!

3주를 기다려야 알 수 있어!

직역하면 '나는 알기 전에 3주를 기다려야만 한다'인데, 이는 즉 '3주를 기다려야 알 수 있다'라는 뜻입니다.

➕ They waited for 3 hours <u>before</u> he returned.

그들이 3시간 동안 기다린 후 그가 돌아왔다.

❷ Anne needed new dresses <u>to wear</u> to college.

앤은 대학에 입고 다닐 새 옷이 필요했다.

to wear는 앞에 나온 dresses를 꾸며 줍니다. 즉, new dresses to wear는 '입을 새 옷'이라는 뜻이에요. 이렇게 to부정사(to+동사원형)는 명사를 꾸미는 형용사처럼 쓰이기도 합니다. 한편 college 앞의 to는 '~에'라는 뜻의 전치사예요.

➕ Do you have ideas <u>to solve</u> the problems?

문제를 해결할 아이디어가 있나요?

❸ Anne <u>put on</u> one of the dresses to show Matthew.

앤은 매슈에게 보여 주려고 드레스 중 하나를 입었다.

put on은 '(옷을) 입다'라는 뜻이에요. 이와 비슷한 표현인 wear와는 뉘앙스 차이가 있어요. put on은 '입는 동작'에 초점을 둔 반면, wear는 '입고 있는 상태'에 초점을 둔 표현입니다.

➕ The weather was cold, so she <u>put on</u> her gloves to go out.

날씨가 추워서 그녀는 장갑을 끼고 나갔다.

The time passed quickly. On a warm summer day in early June, Anne took the exam. That afternoon, Anne returned to Green Gables. She was still nervous.

"Oh, I hope I did well," she said. "The exams were very difficult! And I have to wait for three weeks before I know!"

Diana was the first to hear the news. She ran into the kitchen at Green Gables, waving a newspaper.

"Look, Anne!" she shouted. "You came in first! And Gilbert passed, too!"

Anne took the paper with shaking hands. She saw her name on top of a list of two hundred students. For the first time in her life, she could not speak.

"Well, now, I knew you would do it," said Matthew with a warm smile.

"You've done well, Anne," said Marilla.

They were very pleased.

For the next three weeks, Anne and Marilla were very busy. Anne needed new dresses to wear to college. The evening before she left, Anne put on one of the dresses to show Matthew.

1 I hope I did well.

내가 시험을 잘 봤다면 좋겠어.

• **I hope** ∼이기를 바라다, ∼이면 좋겠다

나는 그녀가 모든 면에서 좀 더 긍정적이면 좋겠어.

_____

힌트 more positive, in every way

2 Diana was the first to hear the news.

다이애나가 소식을 가장 먼저 들었다.

• **be the first to** 가장 먼저 ∼하다

그는 산 정상에 가장 먼저 도착했다.

_____

힌트 reach the top of the mountain

3 I knew you would do it.

난 네가 해낼 줄 알았다.

• **I knew you would** 난 네가 ∼할 줄 알았다

난 네가 우리 기념일을 잊어버릴 줄 알았어.

_____

힌트 forget our anniversary

. . . .

정답 1 I hope she'll be more positive in every way.
2 He was the first to reach the top of the mountain.
3 I knew you would forget our anniversary.

DAY
24

QR 코드로
음성을 들어보세요!

Marilla watched, too. ❶She remembered the thin, little girl who showed up by mistake five years ago. Marilla started to cry.

"Why are you crying?" asked Anne.

"I was just thinking of you when you were a little girl," said Marilla. "And, now you're going away..., and I'll... I'll be lonely without you."

Anne took Marilla's hands.

"Marilla, nothing will change," she said. "❷I may be bigger and older now, but I'll always be your little Anne. And I will love you and Matthew and Green Gables more and more every day."

For the next year, Anne lived in Charlottetown, and went to college every day. Gilbert was also at Queen's, and sometimes Anne saw him. However, she didn't want to be the first to speak to him. Gilbert never looked at her. At the end of the year, there were exams.

❸"I'd love to get the highest score," she thought. "Or perhaps I could get the Avery prize."

---

show up 나타나다 **by mistake** 실수로 **think of** ~을 생각하다, ~이 생각나다 **lonely** 외로운, 쓸쓸한 **more and more** 점점 더 **get** 얻다, 획득하다 **prize** 상

① **She remembered the thin, little girl who showed up by mistake five years ago.**

그녀는 5년 전 실수로 나타난 비쩍 마른 여자아이가 떠올랐다.

by mistake는 '실수로'라는 뜻입니다. My phone called you by mistake.는 직역하면 '실수로 내 전화기가 너한테 전화했어.'인데, '내'가 아니라 '전화기'가 했다는 것은 화자가 모르는 사이에 전화가 걸렸다는 뜻이 되겠죠.

➕ **My phone called you by mistake.**
실수로 너한테 전화가 걸렸어.

② **I may be bigger and older now.**

지금 제가 더 크고 나이 먹었을지도 몰라요.

may는 '~일지도 모른다'라는 뜻으로 가능성이나 추측을 나타낼 때 써요. may는 조동사이므로 뒤에 항상 동사원형이 와요.

➕ **You may be better than you think.**
여러분은 생각보다 더 나은 사람일지도 몰라요.

③ **"I'd love to get the highest score," she thought. "Or perhaps I could get the Avery prize."**

'최고 점수를 받고 싶어.' 그녀는 생각했다. '아니면 어쩌면 에이버리 상을 받을 수도 있어.'

여기서 get은 '받다'라는 뜻으로 쓰였어요. get은 이외에 get a ticket(표를 사다), get my pen(내 펜을 가져오다) 등과 같이 '사다, 가져오다, 구하다' 등 다양한 의미가 있으니 폭넓게 활용해 보세요.

➕ **I got an A in English and a C in history.**
나는 영어에서는 A를 받고 역사에서는 C를 받았다.

Marilla watched, too. She remembered the thin, little girl who showed up by mistake five years ago. Marilla started to cry.

"Why are you crying?" asked Anne.

"I was just thinking of you when you were a little girl," said Marilla. "And, now you're going away..., and I'll... I'll be lonely without you."

Anne took Marilla's hands.

"Marilla, nothing will change," she said. "I may be bigger and older now, but I'll always be your little Anne. And I will love you and Matthew and Green Gables more and more every day."

For the next year, Anne lived in Charlottetown, and went to college every day. Gilbert was also at Queen's, and sometimes Anne saw him. However, she didn't want to be the first to speak to him. Gilbert never looked at her. At the end of the year, there were exams.

"I'd love to get the highest score," she thought. "Or perhaps I could get the Avery prize."

1 She remembered the thin, little girl who showed up <u>by mistake</u> five years ago.

그녀는 5년 전 실수로 나타난 비쩍 마른 여자아이가 떠올랐다.

• **by mistake** 실수로

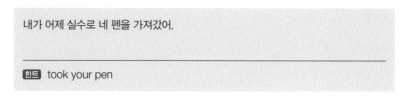

내가 어제 실수로 네 펜을 가져갔어.

힌트 took your pen

2 Anne <u>took Marilla's hands</u>.

앤은 머릴러의 손을 잡았다.

• **take one's hands** ~의 손을 잡다

그녀는 그의 손을 잡고 미소를 지었다.

힌트 gave him a smile

3 <u>At the end of</u> the year, there were exams.

연말에 시험이 있었다.

• **at the end of** ~의 말[끝]에

그의 새 앨범이 월말에 출시될 것이다.

힌트 new album, be released

. . . .

정답　1　I took your pen by mistake yesterday.

　　 2　She took his hands and gave him a smile.

　　 3　His new album will be released at the end of the month.

DAY

25

QR 코드로
음성을 들어보세요!

❶The Avery prize was given to the student who wrote the best essay. She wanted the Avery prize, because the student who won the Avery prize also won a four-year scholarship to Redmond College. ❷This university was one of the best in Canada.

On the day the results of the exams were announced, Anne was afraid to check herself. Instead, ❸she heard her friends shouting.

"It's Gilbert," they shouted. "He got the highest score on the exam!"

Anne felt sick. Then she heard her own name.

"Anne won the Avery prize!"

Then all her friends were around her, laughing and shouting.

"Matthew and Marilla will be happy," thought Anne.

---

essay 에세이, 수필, 소논문 **win** (상 등을) 타다 (과거형 won) **scholarship** 장학금 **university** 대학 **result** 결과 **check** 확인하다, 조사하다 **feel sick** 메스껍다

❶ The Avery prize <u>was given to</u> the student who wrote the best essay.

에이버리상은 에세이를 가장 잘 쓴 학생에게 주어졌다.

be given은 〈be동사+과거분사〉라는 수동태이므로 '주어지다'라는 의미예요. 따라서 was given to는 '~에게 주어졌다'라는 뜻이에요.

✦ The rewards <u>was given to</u> some employees.

그 보상은 일부 직원들에게 주어졌다.

❷ This university was <u>one of the best</u> in Canada.

이 대학은 캐나다에서 가장 좋은 대학 중 하나였다.

〈one of the+최상급+복수명사〉는 '가장 ~한 ~ 중에 하나'라는 의미입니다. 위 문장에서도 원래는 one of the best universities인데 앞에 university가 있기 때문에 뒤에서는 생략했어요.

✦ She was <u>one of the best figure skaters</u> of her generation.

그녀는 자기 세대에서 가장 훌륭한 피겨 스케이터 중 한 명이었다.

❸ She <u>heard</u> her friends <u>shouting</u>.

그녀는 친구들이 외치는 소리를 들었다.

hear(듣다)는 지각동사로 〈hear+목적어+동사원형/-ing〉 형태로 쓸 수 있어요. 듣는 그 순간을 더 강조하고 싶을 때는 동사원형보다 -ing 형태를 쓰는 것이 어울립니다.

✦ I <u>heard</u> someone <u>going</u> downstairs.

나는 누군가 계단을 내려오는 소리를 들었다.

The Avery prize was given to the student who wrote the best essay. She wanted the Avery prize, because the student who won the Avery prize also won a four-year scholarship to Redmond College. This university was one of the best in Canada.

On the day the results of the exams were announced, Anne was afraid to check herself. Instead, she heard her friends shouting.

"It's Gilbert," they shouted. "He got the highest score on the exam!"

Anne felt sick. Then she heard her own name.

"Anne won the Avery prize!"

Then all her friends were around her, laughing and shouting.

"Matthew and Marilla will be happy," thought Anne.

1 Anne <u>was afraid to</u> check herself.

앤은 직접 확인하기가 두려웠다.

• **be afraid to** ~하는 것을 두려워하다

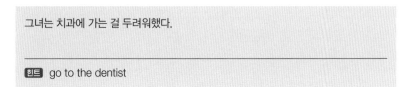

그녀는 치과에 가는 걸 두려워했다.

_____

힌트 go to the dentist

2 Anne <u>felt sick.</u>

앤은 속이 울렁거렸다.

• **feel sick** 메스껍다

나는 배가 고플 때 속이 메스껍다.

_____

힌트 when, hungry

3 All her friends <u>were around</u> her.

앤의 친구들은 모두 그녀 주위로 몰려왔다.

• **be around** 부근[곁]에 있다, 찾아오다

사람들은 행복한 사람들 주변에 있는 것을 좋아한다.

_____

힌트 like to, happy people

- -

정답 1 She was afraid to go to the dentist.
2 I feel sick when I'm hungry.
3 People like to be around happy people.

DAY
26

QR 코드로
음성을 들어보세요!

CHAPTER SIX

Matthew and Marilla

But when Anne arrived back at Green Gables, she felt something was wrong. ❶Matthew looked much older than before.

"❷What's the matter with him?" Anne asked Marilla.

"He's had some heart problems this year," replied Marilla.

"And you don't look well yourself," said Anne.

"My head. It hurts often, behind my eyes." Marilla paused. "But there's another thing, Anne. ❸Have you heard anything about the Church Bank?"

"I heard it was having some problems," replied Anne.

"Yes," said Marilla. "Well, all of our money is in that bank. I know Matthew is worried about it."

---

heart 심장, 가슴 **well** 건강한 **hurt** 아프다 **behind** ~ 뒤에 **pause** 잠시 멈추다, 숨을 돌리다 **be worried about** ~에 대해 걱정하다

❶ Matthew looked <u>much older than</u> before.

매슈는 전보다 훨씬 늘어 보였다.

older than은 비교급으로 '~보다 나이든'이라는 의미인데, 훨씬 더 나이가 들었다고
강조할 때는 앞에 much나 way를 붙여서 much older than 혹은 way older than
이라고 쓸 수 있어요.

✛ She is <u>much stronger than</u> you think.

그녀는 네가 생각하는 것보다 훨씬 강해.

❷ <u>What's the matter with</u> him?

아저씨에게 무슨 일 있어요?

What's the matter with~?는 '~에게 무슨 일[문제] 있어?'라는 뜻으로 사람이나
사물에 문제가 있어 보일 때 사용하는 표현이에요. 어조에 따라 '쟤 왜 저래?'처럼
비난하는 느낌을 주기도 해요.

✛ <u>What's the matter with</u> the clock?

저 시계는 왜 저러는 거야?

❸ <u>Have you heard</u> anything about the Church Bank?

처치 은행에 대해 뭐 들은 적 있니?

Have you heard~?는 '~을 들어 봤어?'라는 뜻으로 어떤 소식이나 이야기를 들어
봤는지 물을 때 쓰는 표현이에요. 여기에 anything을 붙이면 '뭐든, 뭐라도'라는
의미가 추가됩니다.

✛ <u>Have you heard</u> about the accident?

그 사고에 대해 들어 봤어요?

Matthew and Marilla

But when Anne arrived back at Green Gables, she felt something was wrong. Matthew looked much older than before.

"What's the matter with him?" Anne asked Marilla.

"He's had some heart problems this year," replied Marilla.

"And you don't look well yourself," said Anne.

"My head. It hurts often, behind my eyes." Marilla paused. "But there's another thing, Anne. Have you heard anything about the Church Bank?"

"I heard it was having some problems," replied Anne.

"Yes," said Marilla. "Well, all of our money is in that bank. I know Matthew is worried about it."

1 You don't <u>look well</u>.

아주머니도 안 좋아 보여요.

• **look well** 건강해 보이다

그가 직장에서 돌아왔을 때 그는 몸이 정말 안 좋아 보였다.

힌트 came from work, really

2 It <u>hurts</u> often, behind my eyes.

눈 뒤쪽이 자주 아프구나.

• **hurt** 아프다, 다치다

그녀는 오른쪽 다리를 다쳤다.

힌트 right leg

3 I know Matthew <u>is worried about</u> it.

매슈 아저씨가 그것 때문에 걱정하고 있단다.

• **be worried about** ~에 대해 걱정하다

모두 폭력 범죄의 증가에 대해 걱정하고 있다.

힌트 the increase in violent crime

....

정답　1　When he came from work, he really didn't look well.
　　　　2　She hurt her right leg.
　　　　3　Everyone is worried about the increase in violent crime.

DAY
27

QR 코드로
음성을 들어보세요!

The next day, a letter came for Matthew. He opened it and his face turned gray.

"What's the matter?" cried Marilla. Anne also saw Matthew's face.

Suddenly, Matthew dropped to the ground. ❶Anne and Marilla tried to wake Matthew. But they were too late. Matthew was dead.

When the doctor came, he said, "It was his heart. ❷ Did he have some bad news lately?"

"The letter!" cried Anne. "Let's look at it. Oh, Marilla, look! The Church Bank closed down! All their customers lost their money! Your money, and Matthew's, is all gone!"

Everyone in Avonlea was sorry to hear that Matthew died. At first, Anne could not cry. But then she remembered Matthew's smiling face when she told him about the Avery prize. Suddenly, she started crying and couldn't stop. Marilla hugged her, and they sobbed together.

"Crying can't bring him back," whispered Marilla. "❸We'll have to learn to live without him, Anne."

---

turn gray (안색이) 창백해지다; 흰머리가 나다 **drop** 푹 쓰러지다 **lately** 최근에 **close down** 폐업하다, 문을 닫다 **customer** 고객 **lose** 잃다, 잃어버리다 (과거형 lost) **at first** 처음에 **hug** 껴안다, 포옹하다 **bring A back** A를 다시 가져다주다[돌려주다] **learn** 익히다, 배우다

❶ Anne and Marilla <u>tried to</u> wake Matthew.

앤과 머릴러는 매슈를 깨어나게 하려고 안간힘을 썼다.

try to는 '~하려고 노력하다'라는 뜻으로 뭔가를 적극적으로 하려는 느낌이에요. 한편 try -ing는 '시험 삼아 ~해 보다'라는 뜻으로 약간 소극적인 뉘앙스가 있어요.

✛ She <u>tried to</u> persuade him to change his mind.

그녀는 그의 마음을 바꾸기 위해 그를 설득하려고 애썼다.

❷ Did he have some bad news <u>lately</u>?

그에게 최근에 안 좋은 소식이 있었나요?

lately는 '최근에'라는 의미예요. 참고로 형용사 late(늦은)의 부사형은 lately가 아니라 late예요. 즉, late는 '늦은'이라는 형용사도 되고 '늦게'라는 부사도 됩니다. lately를 '늦게'라고 착각하지 않도록 주의하세요.

✛ She's been busy <u>lately</u>.

그녀는 최근에 바빴어요.

❸ We'll <u>have to</u> learn to live without him, Anne.

우리는 아저씨 없이 사는 데 익숙해져야 한다, 앤.

조동사 will(~할 것이다)과 have to(~해야 한다)가 만난 will have to는 '~해야 할 것이다'라는 뜻이에요. 이럴 경우 will must라고는 쓰지 않아요. 그 이유는 조동사가 연이어 올 수 없기 때문이에요.

✛ You'll <u>have to</u> make a decision today.

넌 오늘 결정을 내려야 할 거야.

The next day, a letter came for Matthew. He opened it and his face turned gray.

"What's the matter?" cried Marilla. Anne also saw Matthew's face.

Suddenly, Matthew dropped to the ground. Anne and Marilla tried to wake Matthew. But they were too late. Matthew was dead.

When the doctor came, he said, "It was his heart. Did he have some bad news lately?"

"The letter!" cried Anne. "Let's look at it. Oh, Marilla, look! The Church Bank closed down! All their customers lost their money! Your money, and Matthew's, is all gone!"

Everyone in Avonlea was sorry to hear that Matthew died. At first, Anne could not cry. But then she remembered Matthew's smiling face when she told him about the Avery prize. Suddenly, she started crying and couldn't stop. Marilla hugged her, and they sobbed together.

"Crying can't bring him back," whispered Marilla. "We'll have to learn to live without him, Anne."

1 His face turned gray.

그의 얼굴이 창백해졌다.

• **turn gray** (안색이) 창백해지다; 흰머리가 나다

우리 아빠는 흰머리가 나기 시작했다.

힌트 hair, began to

2 Suddenly, Matthew dropped to the ground.

갑자기 매슈가 바닥에 푹 쓰러졌다.

• **drop to the ground** 땅에 푹 쓰러지다

앨리스는 땅에 쓰러져 떨면서 누워 있었다.

힌트 Alice, lay trembling

3 Crying can't bring him back.

운다고 매슈 아저씨가 돌아오지는 않아.

• **bring A back** A를 다시 가져다주다[돌려주다]

나는 무슨 일이 있어도 그를 다시 데려와야 해.

힌트 have to, at any cost

....

정답 1 My dad's hair began to turn gray.
2 Alice dropped to the ground and lay trembling.
3 I have to bring him back at any cost.

DAY
28

QR 코드로
음성을 들어보세요!

A few days later, Marilla said, "I'll miss you when you go to Redmond College, Anne. ❶What are the other Avonlea students going to do?"

"❷Some will teach, and others are going to stay at Queen's," replied Anne.

"What about Gilbert?" asked Marilla. "Isn't he going to teach at Avonlea school?"

Anne did not say anything.

Marilla continued, "He's tall and good-looking now, don't you think? Like his father, John. ❸You know, John and I were very good friends, years ago."

Anne was surprised.

"What happened? Why didn't you...?"

"Well, we had a fight," said Marilla. "I forgot about what. He asked me to be friends again, but I couldn't forgive him. Later, I was sorry, but he didn't speak to me again. If we had... Oh, well, it was a long time ago."

---

later 후에, 나중에 **What about...?** ~은 어때?, ~은 어떻게 됐어? **have a fight** 다투다, 싸우다 (과거형 **had**) **forget** 잊다 (과거형 **forgot**) **ask A to+동사원형** A에게 ~하자고 청하다

Reading Points

❶ What are <u>the other Avonlea students</u> going to do?
다른 애번리 학생들은 뭘 할 거니?

the other는 어떤 그룹에서 나머지 사람이나 사물들을 가리켜 '다른 ～'이라는 의미로 쓰입니다. 여기서는 앤 말고 다른 학생들을 가리키고 있어요.

✚ She started to play with <u>the other children</u>.
그녀는 다른 아이들과 놀기 시작했다.

❷ <u>Some</u> will teach, and <u>others</u> are going to stay at Queen's.
몇 명은 선생님이 될 거고, 다른 애들은 퀸즈 대학에 남을 거예요.

some은 일부의 사람이나 사물을 가리켜 '어떤 사람[것]들'이라는 뜻이고, others는 some 이외의 '다른 사람[것]들'이라는 의미입니다. the others가 그룹에서 나머지 전체를 지칭한다면, others는 특정하게 정해진 것은 아닙니다.

✚ <u>Some</u> will leave and <u>others</u> will stay.
어떤 이들은 떠날 것이고 어떤 이들은 남을 것이다.

❸ <u>You know</u>, John and I were very good friends, years ago.
그러니까, 존과 나는 오래 전에 아주 좋은 친구였단다.

you know는 '너도 알다시피'라는 뜻이지만, 여기서처럼 다음 할 말을 생각할 때 사용하기도 해요. 이런 경우에는 '그러니까', '있잖아', '저기' 정도로 이해하면 됩니다.

✚ <u>You know</u>, he's got the point.
있잖아, 그는 핵심을 이해했어.

A few days later, Marilla said, "I'll miss you when you go to Redmond College, Anne. What are the other Avonlea students going to do?"

"Some will teach, and others are going to stay at Queen's," replied Anne.

"What about Gilbert?" asked Marilla. "Isn't he going to teach at Avonlea school?"

Anne did not say anything.

Marilla continued, "He's tall and good-looking now, don't you think? Like his father, John. You know, John and I were very good friends, years ago."

Anne was surprised.

"What happened? Why didn't you...?"

"Well, we had a fight," said Marilla. "I forgot about what. He asked me to be friends again, but I couldn't forgive him. Later, I was sorry, but he didn't speak to me again. If we had... Oh, well, it was a long time ago."

1 <u>What are</u> the other Avonlea students <u>going to</u> do?

다른 애번리 학생들은 뭘 할 거니?

• What is/are + 주어 + going to~? ~는 (미래에) 뭘 ~해?

그녀는 나에게 뭐라고 말할까?

_____

힌트 tell me

2 <u>What about</u> Gilbert?

길버트는 어떻게 됐니?

• What about + 명사/동명사? ~은 어때?, ~은 어떻게 됐어?

너는 어때?

_____

힌트 you

3 What <u>happened</u>?

무슨 일이 있었어요?

• happen 일어나다, 발생하다

그녀한테 무슨 일이 있었어요?

_____

힌트 to her

. . . .

정답　1　What is she going to tell me?
　　　2　What about you?
　　　3　What happened to her?

DAY
29

QR 코드로
음성을 들어보세요!

The next day, ❶Marilla went to the doctor's. When she came back, she looked tired and sick.

"What did the doctor say?" asked Anne.

"If I'm not careful, I will be blind in six months!"

Anne was shocked. She couldn't say anything.

"Don't worry about me," said Marilla. "I think I will have to sell the farm."

Marilla started crying.

That night, Anne sat alone in her bedroom. She thought and thought for a long time. ❷Before she went to sleep, she had made a plan.

The next morning, Anne told her plan to Marilla.

"You can't sell Green Gables. It's our home! Just listen, I have a great idea. I won't go to Redmond College; it's too far away. Instead I'm going to teach in one of the village schools near here. Then ❸ I can live there during the week, and come home on the weekends to help you. It's a good plan, isn't it?"

---

the doctor's 의원, 병원 **careful** 조심스러운, 주의 깊은 **blind** 눈이 먼, 장님의 **in six months** 6개월 후에
shocked 충격 받은, 놀란 **far away** 아주 먼, 멀리 있는

❶ Marilla <u>went to the doctor's</u>.

머릴러는 의사를 찾아갔다.

여기서 doctor's는 doctor's office(병원, 의원)를 말합니다. 따라서 go to the doctor's는 '병원에 가다'라는 의미입니다. 간단히 go to the doctor라고도 합니다. '치과에 가다'는 go to the dentist's 또는 go to the dentist라고 해요.

✦ You must <u>go to the doctor</u> if you can't see well.

잘 안 보이면 병원에 꼭 가야 해.

❷ Before she <u>went</u> to sleep, she <u>had made</u> a plan.

잠자리에 들기 전에 그녀는 계획을 세웠다.

계획을 세운 것은 잠자리에 든 것보다 먼저 일어난 일입니다. 이렇게 과거보다 더 이전에 일어난 일임을 나타내기 위해서 과거완료형인 had made를 썼어요.

✦ I <u>had studied</u> French before I <u>moved</u> to Paris.

나는 파리로 이사 가기 전에 프랑스어를 공부했다.

❸ I can live there <u>during the week</u>, and come home <u>on the weekends</u> to help you.

주중에는 거기에서 살고, 주말에는 집에 와서 아주머니를 도와 드릴 수 있어요.

during the week는 '주중에는'이라는 뜻이고, on the weekends는 '주말에는' 이라는 의미예요. weekend에 s가 붙어 있으므로 '주말 한 번'이 아니라 '주말마다'를 의미한다는 것을 알 수 있어요.

✦ He lives in town <u>during the week</u> and goes the country <u>on the weekends</u>.

그는 평일에는 시내에서 살다가 주말에는 시골에 간다.

The next day, Marilla went to the doctor's. When she came back, she looked tired and sick.

"What did the doctor say?" asked Anne.

"If I'm not careful, I will be blind in six months!"

Anne was shocked. She couldn't say anything.

"Don't worry about me," said Marilla. "I think I will have to sell the farm."

Marilla started crying.

That night, Anne sat alone in her bedroom. She thought and thought for a long time. Before she went to sleep, she had made a plan.

The next morning, Anne told her plan to Marilla.

"You can't sell Green Gables. It's our home! Just listen, I have a great idea. I won't go to Redmond College; it's too far away. Instead I'm going to teach in one of the village schools near here. Then I can live there during the week, and come home on the weekends to help you. It's a good plan, isn't it?"

1 If I'm not careful, I will be blind in six months!

내가 조심하지 않으면, 6개월 후에 눈이 멀게 된다는구나!

• **If ~ not** ~하지 않으면

내게 사실대로 말하지 않으면 난 너한테 실망할 거야.

힌트 tell me the truth, disappointed with

2 Marilla started crying.

머릴러가 울기 시작했다.

• **start -ing** ~하기 시작하다

그는 3년 전에 여기서 일을 시작했어요.

힌트 working, three years ago

3 You can't sell Green Gables.

그린 게이블즈를 팔면 안 돼요.

• **You can't** 넌 ~하면 안 돼

이걸 만지면 안 돼요.

힌트 touch

정답 1 If you don't tell me the truth, I'll be disappointed with you.
2 He started working here three years ago.
3 You can't touch this.

DAY
30

QR 코드로
음성을 들어보세요!

"Oh, Anne," said Marilla. "Everything will be all right if you stay here. But you must go to Redmond if you want to study…"

"Redmond doesn't matter," laughed Anne. "I will be a really good teacher. ❶That's the best that I can do anyway!"

Marilla shook her head, and tried not to cry.

"You're a good girl, Anne."

A few days later, Mrs. Lynde came to visit. She had some good news.

"Did you know that Gilbert decided to leave his job?" she said.

"Why did he do that?" asked Anne.

"When he heard about your plans, he decided to give up his job," said Mrs. Lynde. "❷That way, you can be the teacher at Avonlea. Then you can live at Green Gables."

❸"Oh!" said Anne, surprised. "That's very nice of him!"

---

all right 괜찮은, 무사한　**matter** 중요하다, 문제가 되다　**anyway** 어쨌든, 어차피　**shake one's head** 고개를 가로젓다 (과거형 shook)　**come to visit** 방문하러 오다 (과거형 came)　**leave one's job** 일을 그만두다　**give up** 포기하다, 그만두다　**that way** 그러면, 그런 식으로

❶ That's the best that I can do anyway!

어차피 그게 제가 할 수 있는 최선이에요!

the best that I can처럼 최상급(the best 등)이나 서수(the first 등)를 꾸밀 때는 관계대명사로 which가 아니라 that을 써야 합니다.

+ That's the first that I've heard about it.

그것에 대한 얘기는 처음 듣네요.

❷ That way, you can be the teacher at Avonlea.

그렇게 되면, 넌 애번리에서 선생님이 될 수 있어.

that way는 앞에서 말한 것을 가리키면서 '그렇게 되면, 그렇게 하면'이라는 뜻으로 씁니다. 여기서 that way는 Gilbert decided to give up his job을 가리키고, 그렇게 되면 앤이 선생님이 될 수 있다는 의미입니다.

+ That way, you will finish your work on time.

그렇게 하면, 넌 일을 제시간에 끝낼 거야.

❸ "Oh!" said Anne, surprised.

"오!" 앤이 놀라며 말했다.

위 문장의 surprised는 원래 as she was surprised인데 as she was를 생략하고 surprised만 쓴 거예요. 이렇게 과거분사(p.p.)나 현재분사(-ing) 어구가 부사처럼 문장을 수식하는 것을 '분사구문'이라고 해요.

+ He gave her a look, puzzled.

그는 어리둥절해하며 그녀를 쳐다보았다.

"Oh, Anne," said Marilla. "Everything will be all right if you stay here. But you must go to Redmond if you want to study..."

"Redmond doesn't matter," laughed Anne. "I will be a really good teacher. That's the best that I can do anyway!"

Marilla shook her head, and tried not to cry.

"You're a good girl, Anne."

A few days later, Mrs. Lynde came to visit. She had some good news.

"Did you know that Gilbert decided to leave his job?" she said.

"Why did he do that?" asked Anne.

"When he heard about your plans, he decided to give up his job," said Mrs. Lynde. "That way, you can be the teacher at Avonlea. Then you can live at Green Gables."

"Oh!" said Anne, surprised. "That's very nice of him!"

1   Redmond **doesn't matter**.

레드먼드 대학은 중요하지 않아요.

• **doesn't matter** 중요하지 않다, 문제가 되지 않다

> 네가 하는 말은 나한테 중요하지 않아.
>
> _____
>
> **힌트** what you say

2   That's the best that I can do **anyway**!

어차피 그게 제가 할 수 있는 최선이에요!

• **anyway** 어쨌든, 어차피

> 우리는 어쨌든 일찍 떠나야 해.
>
> _____
>
> **힌트** leave, early

3   That's very nice of him!

정말 고마운 일이군요!

• **That's very nice of** ~는 참 친절하네요[착하네요/고맙네요]

> 그렇게 말해 주다니 당신은 정말 친절하시네요.
>
> _____
>
> **힌트** to say that

....

정답   1 What you say doesn't matter to me.

2 We have to leave early anyway.

3 That's very nice of you to say that.

DAY
31

QR 코드로
음성을 들어보세요!

Later that day, Anne was walking by the river. She saw Gilbert. Anne stopped and waved at him.

"Gilbert," she said softly. "❶What you did was very sweet. Thank you very much."

"I'm happy to help you, Anne," said Gilbert. "Are we going to be friends now? ❷Have you forgiven me for calling you "carrots"?"

Anne laughed. "I forgave you a long time ago," she said.

"I'm sure we're going to be very good friends," said Gilbert.

"Can I walk you home?"

When Anne came into the kitchen at Green Gables, Marilla said, "You look very happy, Anne. Was that Gilbert who came home with you?"

"Yes, Marilla," said Anne. Her face was red.

"Gilbert and I decided to be friends. Oh, Marilla, I think life is going to be good for all of us! We have each other, and we'll keep our Green Gables! ❸What could be better than that?"

---

by the river 강가에서   **wave at** ~에게 손을 흔들다   **sweet** 친절한, 마음씨 고운   **forgive A for B** B에 대해 A를 용서하다 (과거분사형 **forgiven**)   **walk** (같이 걸어서) 바래다주다   **keep** 가지고 있다, 지키다

Reading Points

❶ What you did was very sweet.

네가 한 일은 정말 친절한 일이었어.

what you did는 '네가 한 일'이라는 뜻이에요. what은 원래 '무엇'이라는 뜻의 의문사이지만 〈what+주어+동사〉는 '~한 것', '무엇을 ~한지' 등의 뜻으로 명사처럼 씁니다.

✚ What you did yesterday was very impressive.

네가 어제 한 일은 아주 인상적이었어.

❷ Have you forgiven me for calling you "carrots"?

너를 '당근'이라고 부른 거 용서한 거야?

〈forgive A for B〉는 'B에 대해 A를 용서하다'라는 의미입니다. B는 전치사 for 뒤에 오기 때문에 동사가 올 때는 -ing 형태를 씁니다.

✚ Can you forgive me for forgetting your birthday?

내가 네 생일을 잊어버린 걸 용서해 줄래?

❸ What could be better than that?

그보다 더 좋은 일이 뭐가 있겠어요?

could는 can의 과거형으로 '(과거에) ~할 수 있었다'라는 의미인데, 여기처럼 '(현재에) ~할 수도 있다'라고 가능성을 말할 때도 씁니다. 그래서 What could be~?는 '뭐가 ~일 수 있겠어?'라는 의미가 됩니다.

✚ What could be worse than COVID-19?

코로나 바이러스보다 더 나쁜 게 뭐가 있겠어요?

Later that day, Anne was walking by the river. She saw Gilbert. Anne stopped and waved at him.

"Gilbert," she said softly. "What you did was very sweet. Thank you very much."

"I'm happy to help you, Anne," said Gilbert. "Are we going to be friends now? Have you forgiven me for calling you "carrots"?"

Anne laughed. "I forgave you a long time ago," she said.

"I'm sure we're going to be very good friends," said Gilbert.

"Can I walk you home?"

When Anne came into the kitchen at Green Gables, Marilla said, "You look very happy, Anne. Was that Gilbert who came home with you?"

"Yes, Marilla," said Anne. Her face was red.

"Gilbert and I decided to be friends. Oh, Marilla, I think life is going to be good for all of us! We have each other, and we'll keep our Green Gables! What could be better than that?"

1   Are we going to be friends now?

우리 이제 친구가 되는 거니?
- **Are we going to ~?** 우리 ~할 거야?

> 우리 다시 시작하는 거야?
>
> _____
>
> 힌트 start again

2   I'm sure we're going to be very good friends.

우린 틀림없이 아주 좋은 친구가 될 거야.
- **I'm sure** 틀림없이[분명히] ~일 거야

> 넌 분명히 다음 번에는 더 잘할 수 있을 거야.
>
> _____
>
> 힌트 do better, next time

3   I think life is going to be good for all of us!

앞으로 우리 모두 다 잘될 거예요!
- **be good for** ~에 좋다

> 많은 사람들은 적포도주가 당신한테 좋다고 말한다.
>
> _____
>
> 힌트 many people, red wine

....

정답   1 Are we going to start again?
     2 I'm sure you can do better next time.
     3 Many people say that red wine is good for you.

translation

CHAPTER ONE
그린 게이블즈 농장

매슈 커스버트는 60세 가량의 노인이었다. 그와 여동생 머릴러는 그린 게이블즈에 살고 있었다. 그곳은 애번리 마을 인근에 있는 작은 농장이었다.

이날, 매슈는 가장 좋은 옷을 입고 있었다. 그는 설레었다. 그날은 특별한 날이었다. 그는 마차를 몰고 애번리에 있는 기차역으로 갔다.

"5시 30분 기차가 아직 도착 안 했나요?" 매슈가 역장에게 물었다.

"네, 도착했습니다." 역장이 대답했다. "그리고 한 여자아이가 지금 저기서 당신을 기다리고 있어요."

매슈는 깜짝 놀랐다. "여자아이라고? 하지만 우리는 남자아이를 기다리고 있었는데!"

매슈와 머릴러는 보육원에서 남자아이를 입양하기로 했다.

매슈는 농장에서 자기를 거들어 줄 사람을 원했다.

그는 빨간 머리에 비쩍 마른 여자아이를 보았다. 그 애는 매슈가 자기를 바라보는 것을 보고 그에게 달려갔다.

"그린 게이블즈의 커스버트 씨인가요?"

매슈가 대답도 하기 전에, 그 애는 말을 계속 이어갔다.

"뵙게 되어서 정말 기뻐요." 그 애가 말했다. "아저씨가 저를 입양하고 싶어 하신다는 말을 듣고 너무 기뻤어요."

매슈는 무슨 말을 해야 할지 몰랐다. 그는 그 여자아이가 가여웠다.

매슈는 그 여자아이를 집으로 데려가기로 했다.

'머릴러가 이 애한테 일이 잘못된 거라고 말할 수 있을 거야.' 하고 그는 생각했다.

하지만 매슈는 집에 돌아가는 길에 그 애의 얘기를 듣는 게 즐거웠다. 그 애는 말을 많이 했다! 매슈는 아무 얘기도 할 필요가 없었다.

"부모님은 제가 아주 어렸을 때 돌아가셨어요." 그 애가 말했다. "전 늘 가난했어요. 그래서 좋은 드레스가 하나도 없어요. 하지만 전 제가 아름다운 드레스를 입고 있는 상상을 해요. 그럼 행복해지거든요! 아저씨도 가끔 상상을 하시나요?"

"글쎄다, 난… 난… 자주는 아니고." 매슈가 대답했다.

"제가 말을 너무 많이 하는 건 아니죠, 그렇죠? 귀찮으시면 말씀해 주세요."

매슈는 그 애에게 미소를 지으며 말했다. "계속 말하렴. 난 네 말을 듣는 게 좋구나."

그들이 그린 게이블즈에 도착하자, 머릴러는 그들을 맞으러 고 문으로 왔다. 그녀는 미소를 지으며 두 팔을 벌렸다. 그런데 그녀는 그 작은 여자아이를 보고는 갑자기 멈춰 섰다.

"매슈, 이 애는 누구예요?" 머릴러가 물었다. "남자아이는 어디 있어요?"

매슈는 한숨을 내쉬었다. "보육원에서 실수를 했어. 남자아이 대신에 여자아이를 보냈어."

아이는 유심히 듣고 있었다. 아이는 갑자기 울음을 터뜨렸다. "오, 저를 원하지 않으시는군요!" 아이가 외쳤다. "이제 저를 돌려보내시겠네요!"

"오, 자, 자," 머릴러는 여자아이의 어깨에 팔을 올려놓으며 말했다. "울지 마라."

"오, 이건 제 생애 최악의 일이에요!" 여자아이가 외쳤다.

머릴러는 여자아이가 가여웠다. "그럼, 오늘 밤만 여기서 내렴." 그녀가 말했다. "그런데 네 이름은 뭐니?"

여자아이가 울음을 그쳤다. "저를 코델리아라고 불러 주겠어요?" 그 애가 물었다.

"코델리아? 그게 네 이름이니?"

"아뇨, 하지만 무척 예쁜 이름이잖아요. 그렇게 생각하지 으세요?" 여자아이가 말했다.

"전 제 이름이 코델리아라고 상상하는 게 좋아요. 왜냐하면 제 진짜 이름인 앤 셜리는 별로거든요."

머릴러는 고개를 가로저었다. '이 애는 상상력이 너무 풍부하군.' 그녀는 생각했다.

여자아이가 잠자리에 들자, 머릴러는 매슈에게 말했다. "애는 내일 보육원으로 돌아가야 해요."

매슈는 가벼운 헛기침을 했다. "머릴러, 이렇게 생각하지 않니?" 그가 하던 말을 멈췄다. "너도 알다시피 저 애는 착

"매슈 커스버트!" 머릴러가 말했다. 그녀는 화가 날 때만 그의 성을 불렀다.

"저 애를 데리고 있고 싶다는 말이에요?"

매슈는 기분이 언짢고 약간 불안했다. "그러니까 저 애는 똑똑하고, 재미있고, 또…"

"하지만 우린 여자아이가 필요 없다고요!" 머릴러가 말했다. "저 애는 돌보기도 힘들고, 우리에게 별 도움도 안 될 거예요."

"어쩌면 저 애한테는 우리가 필요할지도 몰라." 매슈가 대답했다. "생각해 봐, 머릴러. 저 애는 불행하게 살아 왔어. 저 애는 집안에서 너를 도와줄 수 있어. 난 농장에서 나를 도와줄 남자아이를 마을에서 데려오면 돼. 어때?"

DAY 05   p.38

머릴러는 오랫동안 생각했다. 그녀는 그 여자아이가 정말 가여웠다. 마침내 그녀가 말했다. "좋아요. 저도 동의해요. 저 가엾은 아이는 여기 있어도 돼요. 제가 저 애를 돌볼게요."

매슈는 미소를 지었다. "저 애한테 잘 대해 줘, 머릴러. 저 애는 사랑이 많이 필요한 것 같아."

CHAPTER TWO
난 여기가 너무 좋아요

다음 날 아침 식사 때, 머릴러가 말했다. "저, 앤, 우리는 너를 입양하기로 했단다."

앤은 울기 시작했다.

"얘야, 왜 그러니?" 머릴러가 물었다.

"눈물이 나요." 앤이 말했다. "너무 기뻐서요! 전 여기가 너무 좋아요! 고맙습니다. 정말 고맙습니다!"

"이제 울지 마라, 얘야." 머릴러가 말했다. 그녀는 앤이 울어서 약간 당황했다.

앤은 울음을 그치고 말했다. "머릴러 이모라고 불러도 돼요? 전 이제까지 가족이 전혀 없었어요. 그래서 마음씨 좋고 다정한 이모를 무척 갖고 싶어요. 우린 아주머니가 저희 엄마 언니라고 상상할 수도 있잖아요."

DAY 06   p.44

머릴러는 놀랐다.

"난 그렇게는 못 하겠구나." 머릴러가 단호하게 대답했다.

이번에는 앤이 놀랐다. "아주머니는 뭔가를 상상해 보지 않으세요?" 그 애가 물었다.

"응. 그럴 시간이 없거든." 머릴러가 말했다. "난 집안일을 하고 매슈를 돌본다. 이 집에서는 뭔가를 상상할 시간이 없어."

앤은 잠시 잠자코 있었다. 그러고는 말했다. "머릴러 아주머니, 제가 이곳에서 제일 친한 친구를 찾게 될까요? 전 언제나 친구가 있기를 바랐어요."

머릴러가 말했다. "우리 친구인 배리 부부에게 다이애나라는 딸이 있단다. 그 애도 너처럼 열한 살이야."

"다이애나! 정말 예쁜 이름이에요!" 앤이 말했다. "그 애 머리는 빨갛지 않죠, 그렇죠? 아니었으면 좋겠어요. 전 제 머리가 싫어요. 빨간 머리는 정말 흉해요."

"다이애나의 머리는 검은색이란다." 머릴러가 말했다.

앤이 다이애나를 만났을 때, 두 여자아이는 자기들이 가장 친한 친구가 될 거라는 것을 알았다.

DAY 07   p.50

아침이 되면, 앤은 집에서 머릴러를 도왔다. 그러고 나서 오후에는 다이애나와 놀거나 매슈 아저씨가 농장에서 일하는 동안 그와 즐겁게 얘기했다. 앤은 곧 그린 게이블스에 있는 모든 꽃, 나무, 동물들의 이름을 알게 되었고, 그것들을 모두 사랑했다.

애번리에서 일어나는 모든 일을 알고 싶어 하는 사람이 한 명 있었는데, 바로 레이철 린드 부인이었다. 그녀는 커스버트 씨의 고아 여자아이에 대해 무척 관심이 많았다.

린드 부인은 그린 게이블스를 방문하기로 했다. 머릴러는 린드 부인을 집으로 맞이했고, 그녀에게 앤에 관한 것을 모두 얘기했다.

"그래서 당신과 매슈는 그 애를 입양하기로 했군요!" 린드 부인이 말했다.

머릴러는 미소를 지으며 말했다. "그 애는 똑똑해요. 이 집에 기쁨과 웃음을 가져다주었어요."

하지만 린드 부인은 애석해하며 머리를 저었다. "머릴러, 당신은 실수한 거예요!"

바로 그때, 앤이 정원에서 뛰어 들어왔다. 린드 부인은 그 마르고 조그만 여자아이를 쳐다보았다.

DAY 08   p.56

"머릴러, 저 애는 비쩍 마르지 않았어요?" 린드 부인이 물었다. "그리고 저 주근깨 좀 봐요. 또 저 머리는 당근처럼 빨갛군요!"

앤의 얼굴이 새빨개졌다.

"전 아주머니가 싫어요!" 그 애는 화를 내며 소리 질렀다. "전 아주머니가 싫다고요! 당신은 뚱뚱하고 늙고 못된 아주머니예요!"

그러고 나서 앤은 위층 자기 방으로 뛰어갔다.

"어머, 세상에, 정말 못된 아이네요!" 린드 부인이 말했다. "저 아이 때문에 문제가 많이 생기겠어요. 제가 장담한다고요!"

"당신이 저 애한테 무례했어요, 레이철!" 하고 머릴러가 대답했다.

린드 부인은 깜짝 놀랐다.

"이런!" 그녀가 말했다. "당신에게는 나보다 저 고아 아이가 더 소중한 것 같군요. 그렇다면 당신에게 유감이란 말밖에 할 말이 없네요. 안녕히 계세요."

그후 머릴러는 앤의 방으로 올라갔다. 아이는 좁은 침대에 누워 있었다. 그녀는 베개 위에 얼굴을 묻은 채 울고 있었다.

"그렇게 화를 내면 안 되지." 머릴러가 부드럽게 말했다.

앤은 고개를 들며 말했다. "그 아주머니는 저한테 너무하셨어요!"

DAY 09   p.62

"네 기분이 어떤지 안다." 머릴러가 말했다. "하지만 그분에게 가서 네 무례함을 사과해야 해."

앤은 고개를 떨구었다. "저는 절대로 그럴 수 없어요." 그녀가 말했다.

"그러면 네 방에 있으면서 생각해 보거라." 머릴러가 단호하게 말했다. "사과할 준비가 되면 나올 수 있다."

앤이 없는 아침, 점심, 저녁 식사 시간은 무척 조용한 듯 했다. 그날 저녁, 매슈는 조용히 위층으로 올라갔다. 여자아이는 창가에 슬프게 앉아 있었다.

"앤." 매슈가 말했다. "죄송하다고 말하지 그러니?"

"지금은 죄송하다는 생각이 들어요." 앤이 말했다. "어제는 정말 화가 났다고요! 하지만 오늘 아침에 일어나 보니 더 이상 화가 나지 않았어요. 오히려 조금 부끄럽기까지 했어요. 그런데 아저씨는 정말로 제가… 사과하기를 바라세요?"

"그래, 바로 그거야." 매슈가 말했다.

"전 정말로 그 아주머니에게 사과하고 싶지 않아요." 그 애가 말했다. 그러고는 매슈 아저씨의 온화한 얼굴을 바라보았다. "하지만 아저씨를 위해서라면 뭐든지 할게요."

앤은 한숨을 내쉬었다. "좋아요, 그렇게 할게요."

매슈는 미소를 지었다. "그래야 착한 아이지." 그가 말했다.

DAY 10   p.68

머릴러는 앤이 사과할 거라는 말을 듣고 기뻤다.

그날 저녁 늦게, 그녀와 앤은 린드 부인네 집을 방문했다. 앤은 린드 부인의 따뜻한 부엌에서 무릎을 꿇었다.

"오, 린드 아주머니." 여자아이가 울었다. "정말 죄송해요. 뭐라 말씀드릴 수가 없을 정도로 너무 죄송해요. 그러니 그냥 상상하셔야 해요. 하지만 제발 저를 용서하겠다고 말씀해 주세요. 아주머니가 저를 용서해 주시지 않는다면, 저는 평생 슬퍼할 거예요!"

머릴러는 앤을 자세히 살펴보았다. 그녀는 앤이 진심으로 죄송해한다고 생각하지 않았다.

하지만 린드 부인은 다정하게 말했다. "물론 널 용서하지, 앤. 네 머리가 보기 싫은 빨간색이라고 말했지만, 걱정하지 마라. 예전에 너처럼 빨간 머리를 가진 친구가 있었단다. 어른이 되자, 빨간 머리는 아름다운 갈색이 되었지. 자, 이제 정원에 가서 놀아도 돼."

앤이 가고 나자, 린드 부인은 머릴러 쪽으로 몸을 돌렸다. "저 애는 별난 아이예요. 쉽게 화를 냈다가도 빨리 가라앉네요. 자기 감정을 숨기는 아이보다는 나아요. 말하는 방식이 이상하기는 하지만, 저 애가 마음에 드는군요."

CHAPTER THREE
길버트, 난 네가 싫어

9월에 학교가 개학하자, 앤과 다이애나는 함께 학교에 걸어
갔다. 다이애나가 앤에게 말했다. "오늘 넌 길버트 블라이스
를 만나게 될 거야. 걔는 정말 잘생겼어."

"오, 남자애들 말이니!" 앤이 말했다. "난 걔들한테 관심 없
어."

하지만 앤은 학교에서 길버트를 보자, 그를 자세히 살펴보았
다. 그는 갈색 곱슬머리에 키가 컸고, 다정한 미소를 지녔다.

"걔 잘생겼더라." 앤이 다이애나에게 속삭였다.

다음 날 애번리 학교는 조용했다. 필립스 선생님은 교실 뒤
쪽에 있었다. 그는 나이 많은 아이들 몇 명을 도와주고 있
었다.

앤은 창밖을 내다보고 있었다. 그녀는 몽상에 빠져 있었다.

길버트는 앤을 보고 말을 걸고 싶었다. 그가 속삭였다.
"야, 앤!"

앤은 길버트를 듣지 못했다. 그 애는 아름다운 나무들 위로
바람을 타고 날아다니는 상상을 하고 있었다.

길버트는 놀랐다. 보통 여자아이들은 그와 말하고 싶어 했
다.

그는 손을 뻗어 앤의 머리카락을 잡아당겼다. "당근, 당근!"
그가 외쳤다.

앤은 벌떡 일어서서 길버트를 쳐다보았다.

"넌 정말 못된 아이야!" 그녀가 소리쳤다. "난 네가 싫어!"

그러더니 그녀는 자기 책을 들어 올려 길버트의 머리를 때
렸다!

필립스 선생님은 앤이 책으로 길버트를 치는 걸 보았다.

"앤," 필립스 선생님이 말했다. "왜 그랬지?"

길버트가 큰 소리로 말했다. "제 잘못이에요, 선생님. 제가
앤에게 무례했어요. 그래서 앤이 저를 때린 거예요."

필립스 선생님은 앤이 못마땅했다. "그건 다른 학생을 때릴
이유가 안 돼." 그가 말했다. "앤, 앞으로 나가서 반 아이들
앞에 서 있어."

앤은 오후 내내 반 아이들 앞에 서 있었다. 그녀는 화가 많이
났다. '필립스 선생님이 싫어.' 하고 그녀는 생각했다.

'그리고 길버트 블라이스도 싫어. 다시는 그 애를 쳐다보지
도, 그 애한테 말하지도 않을 거야!'

다음 날, 남학생 몇 명이 점심시간에 운동장에서 놀고 있었
다. 그들은 오후 수업에 늦었다.

앤은 그들과 함께 교실로 뛰어 들어갔는데, 필립스 선생님
바로 뒤에 있었다.

"늦었구나." 필립스 선생님이 말했다. "넌 오늘 다이애나와
함께 앉지 못한다. 넌 남자아이들과 함께 있는 것을 좋아
하는구나. 그러니 오늘 오후에는 길버트 옆에 앉도록 해."

'선생님이 진심일 리가 없어!' 그녀는 생각했다. 하지만 필립
스 선생님은 진지했다.

"내 말 들었지, 앤?" 그가 말했다.

"네, 선생님." 앤이 작은 목소리로 말했다. 앤은 책을 집어 들
고 길버트 옆에 있는 책상으로 천천히 이동했다. 그러고 나
서 그녀는 자리에 앉은 후 책상에 엎드렸다.

'나만 늦은 게 아니었는데.' 앤은 생각했다.

'왜 필립스 선생님은 나를 남자애 옆에 앉게 한 거지? 그것
도 최악의 남자애인 길버트 블라이스하고!'

앤에게 그날 오후는 영원히 계속될 것만 같았다. 학교가 끝
나자, 앤은 자기 책상으로 돌아갔다. 그녀는 자신의 책, 펜,
연필을 모두 집어 들었다.

"뭐 하는 거야?" 다이애나가 물었다.

"난 학교에 다시 오지 않을 거야." 앤이 말했다.

"안 돼! 앤, 우린 새 책을 읽을 거잖아! 그리고 월요일에는 게
임을 할 거라고! 정말 재미있을 거야!"

하지만 앤은 신경 쓰지 않았다.

그날 저녁, 머릴러는 린드 부인을 찾아갔다.

"레이철, 저에게 조언 좀 해 주세요! 앤이 학교에 다시는 안
가겠다고 해요. 그 아이한테 뭐라고 해야 하나요?"

물론, 린드 부인은 앤이 학교에서 일으킨 말썽에 대해 이미
모든 것을 알고 있었다.

"글쎄요, 머릴러." 린드 부인이 말했다. "난 아이들 열 명을
내 손으로 키웠어요. 그래서 당신에게 '걱정하지 마세요.'라
고 말할 수 있어요. 앤을 그냥 내버려 두세요. 곧 학교에 다

시 가고 싶어 할 거예요."

그래서 머릴러는 아무것도 하지 않았고, 앤은 집에 있었다.

어느 날, 머릴러는 앤이 부엌에서 울고 있는 것을 발견했다.

"무슨 일이니, 얘야?" 머릴러가 놀라서 물었다.

"다이애나가 너무 보고 싶어요." 앤이 흐느껴 울었다. "전 그 애 없이는 못 살아요, 머릴러 아주머니! 그런데 그 애가 결혼 하면 어떡하죠? 전 벌써 그 애의 남편이 싫어요! 흰 드레스 를 입고 교회에 있는 그 애가 상상이 돼요. 그 애는 그때 저를 떠나겠죠! 그리고 전 그 애를 다시는 못 볼 거예요!"

머릴러는 웃지 않으려고 했지만, 참을 수가 없었다. 그녀는 웃고 또 웃었다. 앤은 고개를 들고 머릴러를 쳐다보았다. 갑 자기 바보가 된 기분이었다.

DAY 15 p.98

다음 날, 앤은 다시 학교에 갔다. 앤을 다시 보자 아이들은 모 두 무척 기뻐했고, 특히 다이애나는 더 기뻤다.

하지만 앤은 길버트 블라이스와는 말하지 않았다. 앤은 아 직도 그에게 화가 나 있었고, 그를 절대로 용서하지 않겠다 고 생각했다.

CHAPTER FOUR
앤의 실수

어느 날, 머릴러가 소식을 알렸다. "수요일에 새로 온 앨런 목사와 그분의 아내를 다과회에 초대할 거란다."

앤은 무척 흥분되었다.

"앨런 사모님은 아름답고 다정한 미소를 지녔어요! 제가 사 모님을 위해 케이크를 만들고 싶어요. 그래도 돼요?"

"그래. 그분을 위해 케이크를 만들어 보렴." 머릴러가 말했 다.

드디어 수요일이 왔고, 모두 둘러앉아 차를 마시고 있었다. 머릴러는 앤의 특별한 케이크와 어울리는 작은 케이크를 많 이 만들었다.

DAY 16 p.104

"케이크가 정말 맛있어요, 커스버트 부인." 앨런 부인이 말 했다.

"저도 만들면서 즐거웠어요." 머릴러가 말했다. "하지만 제 가 다 만들지는 않았어요. 여기, 이것 좀 드셔 보세요. 앤이

사모님을 위해 특별히 만든 거랍니다."

앨런 부인은 케이크를 받아서 조금 먹었다. 갑자기 그녀의 얼굴 표정이 이상해졌다.

"뭐가 잘못되었나요?" 머릴러가 물었다. 머릴러는 얼른 앤 이 만든 케이크 한 조각을 먹어 보았다.

"세상에, 앤! 이 케이크에 뭘 넣은 거니?"

앤의 얼굴이 빨개졌다.

"왜 그러세요? 마음에 안 드세요?" 앤이 물었다.

"마음에 드냐고? 정말 끔찍하단다!" 머릴러가 말했다. "드 시지 마세요, 앨런 부인! 앤, 너 이 케이크에 내 약을 넣 었구나!"

"오, 전 몰랐어요!" 앤이 말했다. "흰색이었고 병에 들어 있었 어요! 전 그게 우유인 줄 알았어요!"

앤은 눈에 눈물이 고인 것을 느껴 이층 자기 침대로 뛰어갔 다. 그녀는 앨런 부부에게 작별 인사를 하러 내려오지 않았 다. 모두 떠난 후, 머릴러는 앤의 방으로 올라왔다.

DAY 17 p.1

"머릴러 아주머니." 앤이 외쳤다. "너무 창피해요!"

머릴러는 미소를 지으며 앤의 얼굴에 흐른 눈물을 닦아 주 었다.

"앨런 부인은 화나지 않았어." 머릴러가 말했다. "네가 자 기한테 케이크를 만들어 줘서 정말 고맙다고 하셨단다!"

앤은 울음을 그쳤다.

"오, 그분이 저를 용서해 주셨군요. 그렇죠? 그분은 정말 좋 은 분이세요!"

그러고 나서 앤은 얼굴을 찡그렸다.

"저는 왜 항상 이런 실수를 하는 걸까요?"

"넌 더 많은 실수를 할 거야." 머릴러가 웃으며 말했다. "원래 사고 치는 데 선수잖니!"

4월의 어느 날 저녁, 머릴러는 친구 집에 갔다가 늦게 귀 했다. 그녀는 앤을 보러 위층으로 올라갔다.

"저를 보지 마세요, 머릴러 아주머니." 앤이 외쳤다. "제가 못한 거 알아요. 저도 안다고요!"

"무슨 일이니?" 머릴러가 물었다.

"오, 머릴러 아주머니, 전 죽고만 싶어요!" 앤이 흐느껴 울었 다. "제 머리 좀 보세요!"

그제야 머릴러는 앤의 빨간 머리가 지금은 끔찍하게 짙은 초 록색이라는 것을 알게 되었다!

204

DAY 18 p.116

오, 앤!" 머릴러가 외쳤다. "지금 무슨 짓을 한 거니?"
앤은 울지 않으려고 애쓰며 설명했다. "집에 온 어떤 아저씨한테서 뭔가 담긴 병을 샀어요. 그 아저씨는 그게 제 머리를 빨간색에서 검은색으로 바꿔 줄 거라고 했어요! 그 아저씨를 믿은 제가 어리석었어요!"
머릴러는 앤의 머리를 몇 번이고 헹구었지만, 여전히 초록색이었다. 앤은 일주일 내내 집에 있었다. 그녀는 머릴러와 매슈를 제외한 누구도 만나지 않았다. 주말이 되자, 마침내 머릴러가 말했다. "미안하지만, 앤. 언제까지나 집에만 있을 수는 없어. 그리고 초록색 머리로 학교에 갈 수도 없고. 머리를 모두 잘라야겠다."
"아주머니 말씀이 옳은 것 같아요." 앤이 슬프게 말했다. "아마도 이번 일은 저에게 아름다워지겠다는 생각은 하지 말라고 가르치는 걸 거예요."
다음 날 학교에서, 아이들 모두 앤의 머리가 아주 짧아진 것을 보고 놀랐다. 아이들은 무슨 일이냐고 물었지만, 앤은 아무 말도 하지 않았다.
몇 주가 지나자, 더 진한 빨간색의 곱슬머리가 새로 자라기 시작했다. 앤은 무척 기뻤다.

DAY 19 p.122

그해 여름, 앤과 친구들은 강가에서 놀았다. 그들은 거기서 낡은 배 한 척을 발견했다. 앤에게 좋은 생각이 떠올랐다.
"내가 죄수이고, 배를 타고 감옥을 탈출하고 있다고 상상하자." 앤이 친구들에게 말했다. "난 배 안에 숨어 있을게. 그럼 강물을 타고 배가 다리 쪽으로 갈 거야. 너희는 내 가족인 척하며 다리 옆에서 기다려."
다른 여자아이들이 그렇게 하겠다고 하자, 앤은 배에 올라탔다. 그러고 나서 그들은 배를 강으로 밀었다. 죄수가 되었다는 생각에 앤은 무척 흥분되었다.
그런데 갑자기 앤은 축축하다고 느꼈다. 배의 밑바닥에 물이 찬 것이었다! 물이 배 안으로 들어와서 배가 가라앉고 있었다! 앤은 얼른 주위를 둘러보았다. 강가에 나무 몇 그루가 보였다. 그녀는 펄쩍 뛰어 나뭇가지를 붙잡았다. 앤의 친구들은 다리 위에서 기다리고 있었다. 그들은 배가 모퉁이를 돌아 오다가 가라앉는 것을 보았다. 앤이 보이지 않자 그들은 두려웠다.
"앤이 물에 빠졌어요!" 그들은 외쳤다.
여자아이들은 도움을 청하러 마을로 달려갔다. 가엾은 앤은 곤경에 처했다. 그녀는 강 위로 뻗은 나뭇가지에 팔로 매달려 있었다.

DAY 20 p.128

"찾았다!"
갑자기 귀에 익은 목소리가 들렸다. 앤은 배에 탄 길버트 블라이스를 보았다. 그는 얼른 앤이 배에 타도록 도와주었다. 그들이 다리에 도착하자, 앤은 배에서 내리며 등을 돌렸다.
"고마워." 그녀가 차갑게 말했다.
"앤." 그가 서둘러 말했다. "너를 '당근'이라고 불러서 미안해. 오래전 일이잖아. 지금은 네 머리가 정말 예쁘다고 생각해. 우리 그 일은 잊어버리고 친구가 될 수 있을까?"
순간 앤은 좋다고 말하고 싶었다. 갑자기 그녀는 길버트 때문에 반 아이들 앞에 서 있었던 기억이 떠올랐다.
"싫어." 그녀가 차갑게 대답했다. "난 절대로 네 친구가 될 수 없어, 길버트 블라이스!"
길버트는 화가 났다. "좋아, 그럼!" 그가 말했다. "다시는 너한테 묻지 않을 거야, 앤 셜리!"
앤은 당당하게 집으로 걸어갔지만, 이상하게도 슬픈 기분이 들더니 울고 싶어졌다.

DAY 21 p.134

Chapter Five
넌 해냈어!

어느 날, 머릴라는 새로 부임한 스테이시 선생님이 그린 게이블즈에 다녀갔다고 앤에게 말했다.
"앤, 선생님은 네가 학교 생활을 잘하고 있다고 생각하시더구나. 네가 공부를 잘하면, 샬럿타운에 있는 퀸즈 대학 입학시험에 합격할 수 있단다. 그럼 대학에서 일 년 동안 공부한 후에 선생님이 될 수 있어!"
앤은 너무 행복했다. "오, 선생님이 꼭 되고 싶어요!" 그래서 매일 오후, 앤과 그녀의 친구들 몇 명은 학교에 늦게까지 남았다. 스테이시 선생님은 그들이 시험 준비하는 것을 도와주었다. 다이애나는 퀸즈 대학에 가고 싶지 않아서 집에 일찍 갔다.

하지만 길버트는 앤과 함께 학교에 남아 있었다. 길버트와 앤은 서로 얘기하지 않았다. 모두 그 두 사람이 경쟁 상대라는 것을 알고 있었다. 둘 다 시험에서 최고 점수를 받고 싶어 했다. 앤은 남 몰래 자기와 길버트가 친구이길 바랐지만, 이젠 너무 늦었다.

DAY 22 p.140

어느 날, 린드 부인이 머릴러를 찾아왔다.
"당신의 앤은 이제 다 컸네요." 린드 부인이 말했다. "당신보다 키가 더 크네요!"
"맞아요, 레이철." 머릴러가 말했다.
"저 애는 확실히 훌륭한 아가씨로 자랐어요." 린드 부인이 말했다. "저 아름다운 회색 눈과 적갈색 머리! 당신이 앤을 너무나 잘 돌봐 줬어요."
"음, 고마워요." 머릴러가 말했다.
머릴러는 매우 기쁘고 자랑스러웠다.
이후 그날 저녁, 매슈는 머릴러가 부엌에서 조용히 울고 있는 것을 발견했다.
"머릴러, 무슨 일이야?" 매슈가 물었다.
"아무것도 아니에요." 머릴러가 말했다. "그냥 앤이 멀리 떠나면 보고 싶을 거라는 생각을 하고 있어요."
매슈는 깜짝 놀랐다.
"그 애가 대학에 다닐 때 말이냐? 슬퍼하지 말거라, 머릴러. 주말과 휴일에는 집에 올 거야."
"그래도 보고 싶을 거예요." 머릴러가 슬프게 말했다.

DAY 23 p.146

시간은 빨리 흘렀다. 이른 6월의 어느 따뜻한 여름날, 앤은 시험을 치렀다. 그날 오후, 앤은 그린 게이블즈로 돌아왔다. 그녀는 여전히 떨렸다.
"오, 내가 시험을 잘 봤다면 좋겠어." 그녀가 말했다. "시험이 너무 어려웠어! 그리고 3주를 기다려야 알 수 있어!"
다이애나가 소식을 가장 먼저 들었다. 그녀는 신문을 흔들면서 그린 게이블즈의 부엌으로 뛰어 들어왔다.
"이것 좀 봐, 앤!" 그녀가 외쳤다. "네가 일 등이야! 그리고 길버트도 합격했어!"
앤은 떨리는 손으로 신문을 들었다. 그녀는 200명의 학생들 명단 맨 위에서 자기 이름을 보았다. 그녀는 난생처음으로

말을 할 수가 없었다.
"음, 난 네가 해낼 줄 알았어." 매슈가 따뜻한 미소를 지으며 말했다.
"잘했다, 앤." 머릴러가 말했다.
그들은 무척 기뻐했다.
그 후 3주 동안, 앤과 머릴러는 매우 바빴다. 앤은 대학에 [들]고 다닐 새 옷이 필요했다. 그녀가 떠나기 전날 저녁, 앤은 [머]슈에게 보여 주려고 드레스 중 하나를 입었다.

DAY 24 p.1[]

머릴러도 그 모습을 보았다. 그녀는 5년 전 실수로 나타[난] 비쩍 마른 여자아이가 떠올랐다. 머릴러는 울기 시작했다.
"왜 우세요?" 앤이 물었다.
"조그만 여자아이였을 적 네가 막 생각이 났단다." 머릴[러] 가 말했다. "이제 넌 멀리 가고… 난… 난 네가 없으면 [외] 로울 거야."
앤은 머릴러의 손을 잡았다.
"머릴러 아주머니, 아무것도 변하지 않을 거예요." 그녀[가] 말했다. "지금 제가 더 크고 나이 먹었을지 모르지만, 저[는] 항상 아주머니의 어린 앤으로 있을 거예요. 그리고 저는 [아] 주머니와 매슈 아저씨, 그리고 그린 게이블즈를 매일 [점점] 더 사랑할 거예요."
그 다음 해 동안, 앤은 샬럿타운에 살면서 매일 대학교에 [다] 녔다. 길버트도 퀸즈 대학에 다녀서 앤은 가끔 그를 보았[다]. 하지만 그에게 먼저 말을 걸고 싶지는 않았다. 길버트도 [그] 대로 그녀를 쳐다보지 않았다. 연말에 시험이 있었다.
'최고 점수를 받고 싶어.' 그녀는 생각했다. '아니면 어[쩌면] 에이버리상을 받을 수도 있어.'

DAY 25 p

에이버리상은 에세이를 가장 잘 쓴 학생에게 주어졌다. [에이] 버리상을 받는 학생은 레드먼드 대학교의 4년 전액 장[학금] 도 받기 때문에, 그녀는 에이버리상을 받고 싶었다. 이 [대학] 은 캐나다에서 가장 좋은 대학 중 하나였다.
시험 결과가 발표되는 날, 앤은 직접 확인하기가 두려[웠다]. 그 대신 그녀는 친구들이 외치는 소리를 들었다.
"길버트야." 그들이 외쳤다. "그가 시험에서 최고 점수[를 받] 았어!"

앤은 속이 울렁거렸다. 그 순간 그녀는 자기 이름을 들었다.

"앤이 에이버리상을 받았어!"

그러고는 앤의 친구들은 모두 그녀 주위로 몰려와 웃으며 환성을 질렀다.

'매슈 아저씨와 머릴러 아주머니가 좋아하실 거야.' 앤은 생각했다.

CHAPTER SIX
매슈와 머릴러

하지만 앤은 그린 게이블즈에 돌아왔을 때 뭔가 잘못된 것을 느꼈다. 매슈는 전보다 훨씬 늙어 보였다.

"아저씨에게 무슨 일 있어요?" 앤이 머릴러에게 물었다.

"올해 심장에 문제가 생겼단다." 머릴러가 대답했다.

"그리고 아주머니도 안 좋아 보여요." 앤이 말했다.

"거리 때문이란다. 눈 뒤쪽이 자주 아프구나." 머릴러가 하던 말을 잠시 멈췄다. "하지만 문제가 또 있단다, 앤. 처치 은행에 대해 뭐 들은 적 있니?"

"거긴 문제가 좀 있다고 들었어요." 앤이 대답했다.

"그래." 머릴러가 말했다. "그런데 우리 돈이 모두 그 은행에 있단다. 매슈 아저씨가 그것 때문에 걱정하고 있어."

다음 날. 매슈에게 편지 한 통이 왔다. 그는 편지를 펼치고 얼굴이 창백해졌다.

"무슨 일이에요?" 머릴러가 외쳤다. 앤도 매슈의 얼굴을 보았다.

갑자기 매슈가 바닥에 푹 쓰러졌다. 앤과 머릴러는 매슈를 일어나게 하려고 안간힘을 썼다. 하지만 너무 늦었다. 매슈가 세상을 떠났다.

의사가 와서 말했다. "심장 때문이었습니다. 그에게 최근에 안 좋은 소식이 있었나요?"

"있었지요!" 앤이 외쳤다. "편지를 한번 봐요. 오, 머릴러 아주머니, 보세요! 처치 은행이 폐업했어요! 이 은행 고객들은 모두 돈을 잃게 됐어요! 아주머니 돈도, 매슈 아저씨 돈도 모두 사라졌어요!"

마을 사람들은 모두 매슈가 죽었다는 소식을 듣고 안타

까워했다. 처음에 앤은 울 수도 없었다. 하지만 이내 그녀는 에이버리상을 탄 소식을 매슈에게 말했을 때 그의 미소 짓던 얼굴이 떠올랐다. 그녀는 갑자기 울기 시작했고 멈출 수가 없었다. 머릴러는 그녀를 껴안았고, 그들은 함께 흐느껴 울었다.

"운다고 매슈 아저씨가 돌아오지는 않아." 머릴러가 속삭였다. "우리는 아저씨 없이 사는 데 익숙해져야 한다, 앤."

며칠 후, 머릴러가 말했다. "네가 레드먼드 대학에 가면 보고 싶을 거야, 앤. 다른 애번리 학생들은 뭘 할 거니?"

"몇 명은 선생님이 될 거고, 다른 애들은 퀸즈 대학에 남을 거예요." 앤이 대답했다.

"길버트는 어떻게 됐니?" 머릴러가 물었다. "그 애는 애번리 학교에서 가르치지 않니?"

앤은 아무 말도 하지 않았다.

머릴러가 계속 말했다. "그 애는 이제 키도 크고 잘생겼더구나. 그렇게 생각하지 않니? 그 애 아버지 존처럼 말이야. 그러니까, 존과 나는 오래 전에 아주 좋은 친구였단다."

앤은 깜짝 놀랐다.

"무슨 일이 있었어요? 아주머니는 왜…?"

"음, 우린 싸웠단다." 머릴러가 말했다. "무엇 때문에 싸웠는지 기억도 안 나. 그는 나에게 다시 친구가 되자고 했지만, 난 그를 용서할 수 없었어. 나중에 난 미안했지만, 그는 다시는 나와 말하지 않았단다. 만약에 우리가… 음, 아주 오래전 일이었지."

다음 날, 머릴러는 의사를 찾아갔다. 집에 돌아왔을 때 그녀는 지치고 아파 보였다.

"의사가 뭐라고 했어요?" 앤이 물었다.

"내가 조심하지 않으면, 6개월 후에 눈이 멀게 된다는구나!" 앤은 충격을 받아 아무 말도 할 수 없었다.

"내 걱정은 말거라." 머릴러가 말했다. "농장을 팔아야 할 것 같아."

머릴러가 울기 시작했다.

그날 저녁, 앤은 자신의 침실에서 혼자 앉아 있었다. 그녀는 오랫동안 생각하고 또 생각했다. 잠자리에 들기 전에 그녀는 계획을 세웠다.

다음 날 아침, 앤은 머릴러에게 자신의 계획을 말했다.

"그린 게이블즈를 팔면 안 돼요. 우리 집이잖아요! 듣기만 하세요. 좋은 생각이 있어요. 저는 레드먼드 대학에 가지 않을래요. 거긴 너무 멀어요. 그 대신 이 근처 마을 학교 중 한 군데에서 가르칠 거예요. 그렇게 하면 주중에는 거기에서 살고, 주말에는 집에 와서 아주머니를 도와 드릴 수 있어요. 좋은 생각이죠, 그렇죠?"

DAY 30   p.188

"오, 앤." 머릴러가 말했다. "네가 여기에서 지낸다면 모든 게 다 괜찮을 거야. 하지만 네가 공부를 하고 싶다면 레드먼드 대학에 가야 한다…"

"레드먼드 대학은 중요하지 않아요." 앤이 웃었다. "저는 정말로 좋은 선생님이 될 거예요. 어차피 그게 제가 할 수 있는 최선이에요!"

머릴러는 고개를 저으며 울지 않으려고 애썼다.

"넌 정말 착한 아이야, 앤."

며칠 후, 린드 부인이 방문했다. 그녀는 좋은 소식을 가지고 왔다.

"길버트가 일을 그만두기로 했다는 거 알았니?" 그녀가 말했다.

"왜 그랬어요?" 앤이 물었다.

"그 애가 네 계획을 듣고, 일을 그만두기로 했다는구나." 린드 부인이 말했다. "그렇게 되면, 넌 애번리에서 선생님이 될 수 있어. 그럼 그린 게이블즈에서 살 수 있고."

"오!" 앤이 놀라며 말했다. "정말 고마운 일이군요!"

DAY 31   p.194

그날 늦게, 앤은 강가를 걷고 있었다. 그녀는 길버트를 보았다. 앤은 멈춰서 그에게 손을 흔들었다.

"길버트." 그녀는 작은 목소리로 말했다. "네가 한 일은 정말 친절한 일이었어. 정말 고마워."

"널 돕게 되어서 기뻐, 앤." 길버트가 말했다. "우리 이제 친구가 되는 거니? 너를 '당근'이라고 부른 거 용서한 거야?"

앤이 웃었다. "난 아주 오래 전에 널 용서했어." 그녀가 말했다.

"우린 틀림없이 아주 좋은 친구가 될 거야." 길버트가 말했다.

"내가 집에 바래다줘도 될까?"

앤이 그린 게이블즈의 부엌에 들어오자, 머릴러가 말했다.

"아주 행복해 보이는구나, 앤. 너와 함께 집에 온 사람이 길버트였니?"

"네, 머릴러 아주머니." 앤이 말했다. 그녀의 얼굴이 빨개졌다.

"길버트와 저는 친구가 되기로 했어요. 머릴러 아주머니, 앞으로 우리 모두 다 잘될 거예요! 우리에게는 서로가 있고, 우리는 그린 게이블즈를 지킬 거예요! 그보다 더 좋은 일이 뭐가 있겠어요?"